独步寻梅

梅西超越巅峰珍藏图传

LIONEL MESSI

冯逸明　主编

世界知识出版社

图书在版编目（CIP）数据

独步寻梅：梅西超越巅峰珍藏图传 / 冯逸明主编 .—
北京：世界知识出版社，2015.9
（钻石巨星珍藏书系）
ISBN 978-7-5012-5012-7

Ⅰ . ①独 …Ⅱ . ①冯…Ⅲ . ①梅西，L.A.– 生平事迹 –
画册 Ⅳ. ① K837.835.47–64

中国版本图书馆 CIP 数据核字（2015）第 203576 号

责任编辑	余 岚 刘 喆
责任出版	赵 玥
责任校对	马莉娜
封面设计	冯逸明
书 名	独步寻梅：梅西超越巅峰珍藏图传 Dubu Xunmei：Meixi Chaoyue Dianfeng Zhencang Tuzhuan
主 编	冯逸明
出版发行	世界知识出版社
地址邮编	北京市东城区干面胡同 51 号（100010）
网 址	www.wap1934.com
经 销	新华书店
印 刷	北京朗翔印刷有限公司
开本印张	787×1092 毫米 1/16 7 印张
字 数	340 千字
版次印次	2015 年 9 月第一版 2015 年 9 月第一次印刷
标准书号	ISBN 978-7-5012-5012-7
定 价	39.80 元

LIONEL MESSI

CONTENTS

100% JES
COUPE DES CLUBS CHAMPIONS
EUROPÉENS

2004-2015

寻梅

LIONEL MESSI FC BARCELONA

2004–2015年梅西代表巴塞罗那出场485场/进415球

俱乐部篇

荣耀
进球

7 西甲联赛冠军

自 2004/2005 赛季进入巴塞罗那一队以来，截至 2014/2015 赛季结束，梅西逐渐成为红蓝军团的绝对王者，并率领巴萨共拿到了 7 个联赛冠军，其中 2009-2011 年蝉联西甲联赛三连冠，梦之队的风头一时无两。

286 西甲总进球数

2004-2015 年，梅西在西甲联赛赛场上共出场了 315 场，打入 286 个进球，成为巴萨和西甲双料历史射手王。

西班牙甲级赛冠军榜单

赛季	胜利场次	进球	积分
2004/2005	25	73	84
2005/2006	25	80	82
2008/2009	27	105	87
2009/2010	31	98	99
2010/2011	30	95	96
2012/2013	32	115	100
2014/2015	30	110	94

QATAR
AIRWAYS
FCB
LFP

3 西班牙国王杯冠军

自 2004/2005 赛季进入巴塞罗那一队以来，截至 2014/2015 赛季结束，梅西随俱乐部拿到了 3 座国王杯冠军。分别在 2008/2009 赛季 4 比 1 战胜毕尔巴鄂竞技队、2011/2012 赛季 2 比 1 战胜拉科鲁尼亚队、2014/2015 赛季 3 比 1 战胜毕尔巴鄂竞技队。

34 国王杯总进球数

2004–2015 年，梅西在国王杯总共出场了 50 场，打进 34 球。在国王杯历史总射手榜排名第 21 位。

6 西班牙超级杯冠军

截至 2014/2015 赛季结束，梅西随俱乐部拿到了 6 座超级杯冠军。分别在 2005 年以总比分 4 比 2 战胜皇家贝蒂斯队、2006 年以总比分 4 比 0 战胜西班牙人队、2009 年以总比分 5 比 1 战胜毕尔巴鄂竞技队、2010 年以总比分 5 比 3 战胜塞维利亚队、2011 年以总比分 5 比 4 战胜皇马、2013 年以总比分 1 比 1（客场进球）战胜毕尔巴鄂竞技队。

10 超级杯总进球数

2004–2015 年，梅西在西班牙超级杯总共出场 11 场，打进 10 球，是西班牙超级杯历史最佳射手。

4 欧冠联赛冠军

梅西自2004/2005赛季第一次参加欧冠以来，截至2014/2015赛季结束，随俱乐部拿到4座欧冠冠军奖杯。分别在2005/2006赛季2比1战胜阿森纳队、2008/2009赛季2比0战胜曼联队、2010/2011赛季3比1战胜曼联队、2014/2015赛季3比1战胜尤文图斯队。

77 欧冠总进球数

截至2004/2015赛季，梅西总共在欧冠联赛出场102场，进球77个，成为欧冠射手王。梅西在3次决赛中首发出场，并打入2球。

CHAMPIONS

3 欧洲超级杯冠军

梅西参加了四次欧洲超级杯，分别是 2006 年对阵塞维利亚队、2009 年对阵顿涅茨克矿工队、2011 年对阵波尔图队和 2015 年对阵塞维利亚队。并随俱乐部拿到了 2009 年、2011 年和 2015 年 3 座超级杯冠军。

03 欧洲超级杯总进球数

梅西在欧洲超级杯上共首发出场过 4 场，打进 3 球。

2 世俱杯冠军

梅西随巴塞罗那队参加了两次国际足联世界俱乐部杯，分别在 2009 年阿联酋和 2011 年日本举办，并随俱乐部拿到了 2 座世俱杯冠军奖杯。

04 世俱杯总讲球数

梅西在世俱杯赛场上共出场 4 次，打进 4 球。

梅西历年大赛表现及阿根廷战绩

年份	赛事	年龄	进球	战绩
2005	世青赛	18	6	冠军
2006	世界杯	19	1	8强
2007	美洲杯	20	2	亚军
2008	奥运会	21	2	冠军
2010	世界杯	23	0	8强
2011	美洲杯	24	0	8强
2014	世界杯	27	4	亚军
2015	美洲杯	28	1	亚军

2004-2015

寻梅

LIONEL MESSI ARGENTINA

2005-2015年梅西代表阿根廷国家队出场103场/进46球

国家队篇

荣耀

进球

1 世界杯亚军

梅西随阿根廷国家队共参加了三届世界杯，分别是 2006 年德国世界杯、2010 年南非世界杯和 2014 年巴西世界杯。其中 2014 年梅西以队长身份率领球队拿到了世界杯亚军，是阿根廷自 1990 年意大利世界杯夺得亚军后，24 年来第二次打进世界杯决赛。

05 世界杯总进球数

梅西在世界杯赛场上总共出场过 15 场，其中 2006 年出场 3 场，进 1 球；2010 年出场 5 场，0 球；2014 年出场 7 场，进 4 球。

2 美洲杯亚军

梅西随阿根廷国家队共参加了三届美洲杯，分别是 2007 年委内瑞拉美洲杯、2011 年阿根廷美洲杯和 2015 年智利美洲杯，其中 2007 年和 2015 年梅西率领球队拿到了美洲杯亚军。

03 美洲杯总进球数

梅西在美洲杯赛场上总共出场过 16 场，进 3 球。其中 2007 年出场 6 场，进 2 球；2011 年出场 5 场，进 0 球；2015 年出场 5 场，进 1 球。

adidas
AFA
10
HOLANDA VS ARGENTINA
9 JULIO 2014

1 世青赛冠军

梅西在 2005 年荷兰举办的国际足联 U20 世界杯足球赛上一战成名。他在中前场的盘带与传球带动了整个球队，帮助阿根廷队获得冠军，这也是梅西所获得的第一项冠军。

06 世青赛总进球数

梅西在 U20 世青赛上发挥出色，总共出场 6 场，进 6 球，并获得世青赛金靴奖。

1 奥运会男足冠军

2008 年北京奥运会，作为适龄球员，梅西毫无疑问地入选阿根廷国奥队名单。巴萨曾拒绝放行梅西参赛，但由于梅西的坚决，在瓜迪奥拉斡旋下，最终如愿出现在奥运赛场上。在决赛第 58 分钟，梅西助攻队友迪马利亚打入全场唯一进球，成功摘得奥运男足金牌。

02 奥运男足总进球数

梅西在奥运会男足比赛中，出场 5 场，打进 2 球，是阿根廷成功卫冕的最大功臣。

Lionel Messi

2004-2015

寻梅

LIONEL MESSI

个人篇章

荣耀

进球

4 金球奖获奖

梅西共夺得 4 次金球奖，其中 2009 年获得欧洲足球金球奖；2010、 2011 和 2012 年获得 3 次国际足球联合会金球奖。

FCB

3 欧洲金靴奖

梅西共获得3次欧洲金靴奖。分别是在2009/2010赛季（进34球）、2011/2012赛季（进50球）和2012/2013赛季（进46球）。

1 世界足球先生奖

世界足球先生评选起始于 1991 年，首位获奖者是马特乌斯。2010 年该奖项与原金球奖合并为国际足联金球奖，因此梅西是最后一位获奖者。

寻梅

欧洲最佳球员 MESSI 2011/2015

2 欧洲最佳球员奖

2015年8月27日，欧洲最佳球员颁奖典礼在蒙特卡洛的格里马尔迪会议中心举行。梅西创纪录地拿到了54票中的49票，力压队友苏亚雷斯和皇马巨星C罗，荣膺欧洲最佳球员，除此之外，梅西还获得最佳进球奖。值得一提的是，梅西成为两次夺得欧洲最佳球员奖的第一人(分别在2011年和2015年)。

8 阿根廷足球先生奖

梅西共 8 次当选阿根廷足球先生，是现役球员中获得阿根廷足球先生次数最多的球员。分别在 2005 年、2007 年、2008 年、2009 年、2010 年、2011 年、2012 年和 2013 年。

2 世界最佳射手奖

梅西两次被 IFFHS(国际足球历史和统计联合会)评为世界职业联赛最佳射手奖，分别在2011年(进73球)和2012年(进60球)。

1 世界杯金球奖

梅西以阿根廷队队长身份，率领球队杀入2014年巴西世界杯决赛，以1比0不敌德国队，屈居亚军，是阿根廷在近6届世界杯上表现最好的一届。梅西进4球，1次助攻。

梅西荣誉总榜

奖项	年份
国际足联金球奖	2010、2011、2012
欧洲金球奖	2009
世界足球先生	2009
年度世界足球运动员	2009、2011、2012
世界足球史最伟大的前锋	2013
“Onze”年度欧洲足球先生	2009、2011、2012
阿根廷足球先生	2005、2007－2013
欧洲金靴奖	2010、2012、 2013
欧洲最佳球员	2011、2015
欧冠年度最佳前锋	2009
欧冠最佳射手	2009－2012、2015
欧冠助攻王	2011/2012、2014/2015
欧洲足联年度最佳阵容	2008、2009、2010、2011、2012、2014
欧冠决赛最佳球员	2011
世俱杯金球奖	2009、2011
西甲最佳球员	2009、2010、2011、2012、2013
世青赛金靴	2005
西甲年度最佳外籍球员	2007、2009、2010
西甲最佳射手	2009/2010、2011/2012、2012/2013
西甲助攻王	2010/2011、2012/2013、2014/2015
西甲最佳前锋	2009、2010、2011、2012、2013
西甲年度最佳拉美球员	2007、2009、2010、2011、2012
国际职业球员协会年度年轻球员	2006、2007、2008
国际职业球员协会年度最佳前锋	2007－2014
世界足球年度最佳年轻球员	2006、2007、2008
布拉沃奖	2007
欧洲金童奖	2005
马卡传奇奖	2009
迪·斯蒂法诺奖	2008/2009、2009/2010、2010/2011
ESPY 最佳国际运动员	2012、2015
世界职业联赛最佳射手奖	2011、2012
欧洲年度最佳阵容	2006、2008－2013、2015
美洲杯最佳年轻球员	2007
美洲杯助攻王	2011、2015
西班牙国王杯最佳射手	2010/2011、2013/2014
阿根廷年度最佳运动员	2011
世界杯金球奖	2014
世界杯最佳阵容	2014
美洲杯金球奖	2015

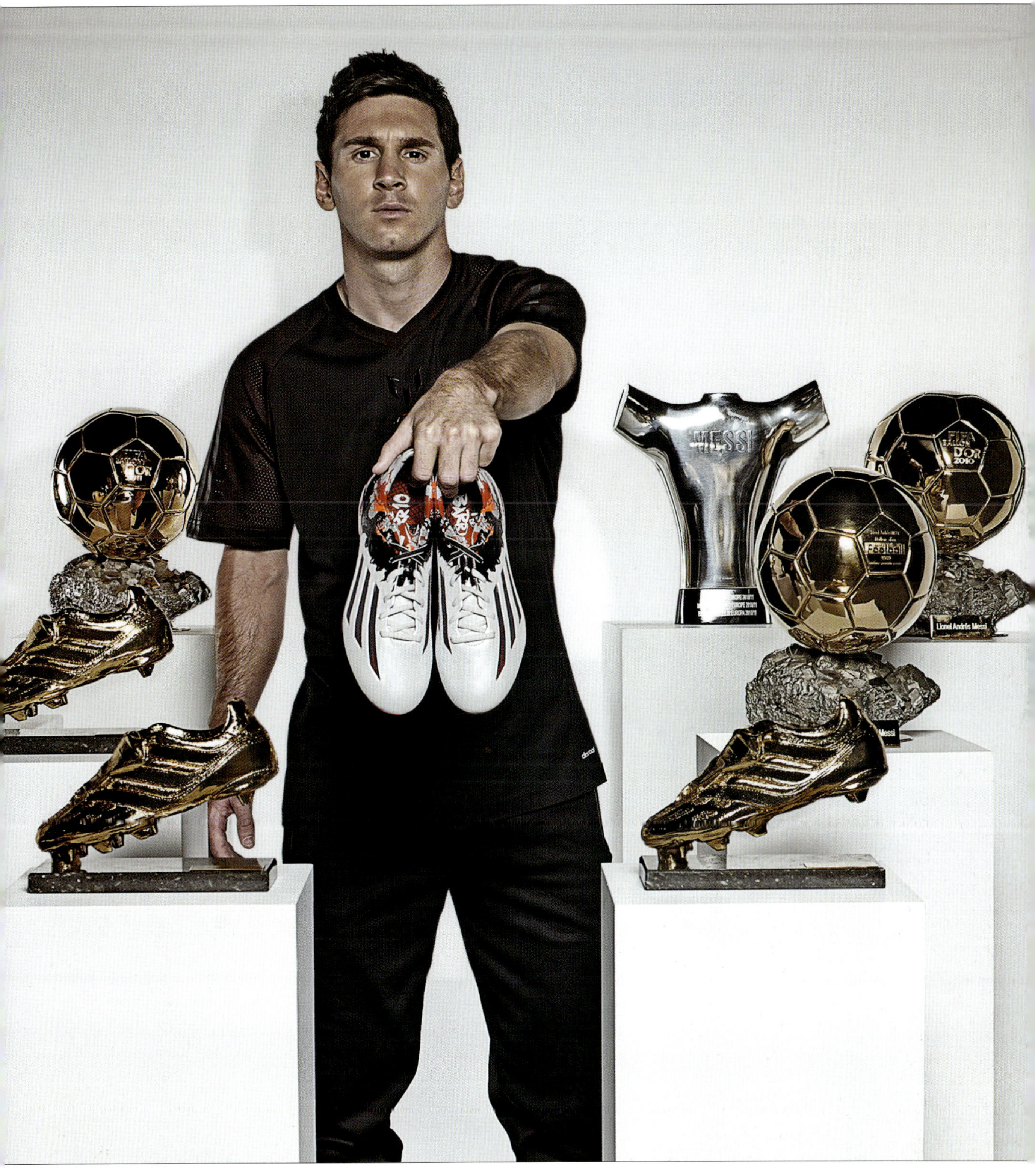
MESSI
Lionel Andrés Messi

梅西国度

Lionel Messi

征服欧罗巴 VS 诺坎普之王

COUPE DES CLUBS
EUROPÉENS

梅西国度①

征服欧罗巴

梅西欧冠篇

从欧冠处子秀遭零封、巴萨客场落败，到2009年史无前例地加冕六冠王，再到2011年、2015年再度赢得欧冠冠军，梅西从当初那个弱冠少年，成长为征服世界的王者。

99场欧冠，77粒进球，23个城市，16个国家，这个阿根廷小个子与同他一样矮小的法国人拿破仑一样征服了整个欧洲，不同的只是梅西用的是脚，而拿破仑用的是枪。

梦二时代：初露锋芒

世有伯乐，然后有千里马。在梅西的职业生涯中，里杰卡尔德就是他的伯乐。“黑天鹅”将17岁的梅西提拔进了巴萨一队，并对“小跳蚤”委以重任。“当梅西被介绍给我时，我立刻意识到，他是个独一无二的球员”。

2004年12月7日，17岁的梅西迎来了职业生涯的欧冠处子秀，他在这场比赛中打满全场。遗憾的是，雪藏了小罗、埃托奥、德科、马克斯等主力的巴萨此役客场以0比2不敌乌克兰劲旅顿涅茨克矿工，但这场比赛却开启了梅西在欧冠的征程。也是从这一刻起，梅西从当初那个弱冠少年，开始成长为征服世界的王者。

2005/2006赛季，梅西被正式提拔入一线队。那时，小罗是红蓝军团的绝对核心，巴西人前一个赛季刚刚率领巴萨夺取阔别五年之久的联赛冠军，而他们最大的死敌——皇马，正在经历银河战舰一代解体的阵痛。与此同时，里杰卡尔德一手打造的梦二队开启了他们的征服之路。

2005年11月3日，欧冠小组赛第4轮巴萨对阵帕纳辛奈科斯，首发出场的梅西在第34分钟利用对手后卫的失误轻松破门，打入了欧冠处子球。但那个赛季对梅西来说并不顺利，2006年3月，在对阵切尔西的比赛中他的右大腿二头肌拉伤，为此休战两个半月，他也因此错过了同阿森纳的决赛。

在梦二时代，梅西崭露头角，但只能暂时活在小罗的身边。在里杰卡尔德手下，小罗是巴萨当之无愧的王者。在2006年欧冠决赛中，梅西虽然已经伤愈，但却没能进入比赛名单。在巴黎法兰西体育场，瓢泼大雨中，红蓝军团在落后一球的情况下，凭借埃托奥和贝莱蒂在最后14分钟的两粒进球完成逆转，历史上第二次捧起欧洲冠军杯。

相比庆祝的人群，梅西五味杂陈，两年后，阿根廷人依旧为此感到懊恼：“真的，我至今仍为那场决赛耿耿于怀，就因为这个原因，我希望为巴萨再次赢得一个欧冠冠军，而我则参加了几乎所有的比赛。”

梦二的那四年正是英超全面主宰欧洲的时期，每一年的欧冠决赛都至少有一支英超球队的身影。2004/2005赛季，巴萨击败了AC米兰却不敌切尔西；2005/2006赛季，巴萨则是在淘汰切尔西后又于决赛中击败阿森纳；2006/2007赛季，巴萨则是一路遭遇切尔西和利物浦两大英超“肌肉队”；2007/2008赛季则遭遇了神奇的曼联。这也让巴萨在2005/2006赛季捧起的欧冠奖杯更显珍贵，感受艺术足球在“肌肉丛林”中如何舞动也成为了一代人的美妙回忆。

2007/2008 赛季，在诺坎普天王——小罗逐渐陨落的同时，20 岁的梅西迅速成长，逐渐接过了巴西人的衣钵，扛起了球队的进攻大旗。事实上，梅西在前一个赛季已经开始奉献现象级的表演。第 232 次西班牙国家德比，巴萨在少一人的情况下 3 比 3 逼平了皇家马德里，梅西三度挺身而出扳平比分，正是在这一夜过后，人们开始将球王的称号和这个 19 岁的少年联系在一起。

2007/2008 赛季，欧冠赛场梅西亮相 9 次，打入 6 球。在皇马和塞维利亚相继止步于八分之一决赛的情况下，撑到半决赛的巴萨偏偏遇上了那时全欧洲最红的曼联，红蓝军团运气实在不佳。

2008 年是英超无比坚挺的年代，四强的席位英超占了三席，而惟一没有进入四强的英超球队阿森纳，也只是死于了八强英超内战。利物浦对切尔西，曼联对巴萨，三英战巴萨，决赛席位争夺战一触即发。巴萨此时在联赛早已没有希望，冠军联赛成为唯一救命稻草。

2008 年 4 月 24 日，欧冠半决赛首回合较量。梅西在大战前勉强复出，队医保守估计他无法应付同曼联的全场比赛。值得一提的是，这是当今世界足坛绝代双骄——梅西和 C 罗的第一次对话。葡萄牙人本有可能为曼联拿到一场客场胜利，他在开场仅仅 2 分钟便制造了米利托禁区内的手球，创造了进球机会。然而，曼联 7 号亲自主罚的“12 码”却偏出球门。

此后双方的比赛内容乏善可陈，很多时候巴萨一波进攻结束，曼联解围出来，巴萨后面的梯队就在中圈附近把落点控制住，组织第二波进攻。可是缺少了小罗这样的突击手，梅西又因为伤病状态平平，踢了 62 分钟就被换下。最后，比赛以 0 比 0 收场。

第二回合双方移师老特拉福德进行最后决战。回到主场的曼联气势如虹，开场仅 14 分钟，C 罗在左路巧妙摆脱赞布罗塔后带球突进，在图雷的协同阻击下，赞布罗塔全力回追把球又抢了回来，可是在身体已经失去平衡的情况下，一脚传向大禁区弧前十米区域，斯科尔斯从后面拍马赶到一脚大力远射，球打入了绝对意义上的死角，守门员根本没法扑，巴萨一球落后。

下半场梅西在本方一次战术角球中，面对斯科尔斯上演了其职业生涯经典的一次过人，“生姜头”完全如木鸡般没有任何反应。这次过人是整场比赛球迷在巴萨进攻时发出唯一一次全场尖叫。

然而，这样精彩的镜头不足以改变红蓝军团的命运。随着亨利的近距离头球顶向范德萨怀中，这轮半决赛的悬念也正式宣告揭晓，曼联以 1 比 0，总比分也是 1 比 0，闯入决赛，并最终问鼎。

更让他们难堪的是，7 天后，西甲联赛倒数第三轮，落后皇马达 15 分的巴萨前往伯纳乌，此时皇马已经提前夺冠。比赛开始前，里杰卡尔德的

球队尴尬地站在球员通道口，队长普约尔带头鼓掌欢迎冠军队入场。在皇马一百多年的历史中，从来没有接受过巴萨这样的礼遇。

随之而来的是1比4的惨败，让那个夜晚成为巴萨队史上不堪回首的一页。比赛结束后，客队休息室里一片沉默，就像是一个等待宣判的法庭。巴塞罗那的赛季真的结束了，整支球队和每个人都在等待着命运的审判——下个赛季球员何去何从，球队又能不能走向复苏?

仅仅24小时后，巴萨主席拉波尔塔宣布，里杰卡尔德将在赛季末卸任，取而代之的是二队主帅瓜迪奥拉。也是在那个夏天，德科被俱乐部以1100万欧元的价格甩卖给切尔西，小罗以2100万欧元的身价被卖到米兰城。

诺坎普一代国王的红蓝生涯就此画上了句号。

同样画上句号的，还有梦二时代。

梦三王朝：最强10号

新赛季，梅西接过小罗留下的10号战袍，成为诺坎普的新国王。欧冠赛场上，他们与里斯本竞技、顿涅茨克矿工以及瑞士的巴塞尔同组。2008年10月2日，欧冠联赛小组赛第二轮，在乌克兰的奥林匹克大球场，矿工队中场伊尔西尼奥在半场结束前打入一球。替补出场的梅西力挽狂澜，他先是在第87分钟利用对方失误打入扳平进球，随后又在伤停补时的最后一刻，接哈维传球打入反超的进球，最终巴萨在客场2比1逆转击败矿工队，此战过后，梅西真正确立了他在这支球队中的核心地位。

2008年11月5日，小组赛第四轮，巴萨迎战瑞士的巴塞尔。梅西在替补登场后仅两分钟就为巴萨打入领先进球，但德尔迪约克的世界波破门最终锁定平局。小组赛四轮过后巴萨以10分位居积分榜首，携里斯本竞技共同提前两轮出线。第五轮，巴萨5比2大胜巴塞尔锁定小组第一，梅西再入一球。

2009年2月25日，1/8决赛首回合，巴萨客场1比1战平里昂，算上联赛，红蓝军团连续三场比赛未尝胜绩。两周后移师诺坎普球场，亨利两分钟内梅开二度，巴萨取得梦幻开局。巴萨在第40分钟几近锁定胜局，梅西右路连过格罗索和德尔加多后同禁区右侧的埃托奥踢墙配合，最后阿根廷人左脚劲射左下角入网，这是阿根廷人那个赛季的第29粒入球，也是7场欧冠打入的第6粒进球。最终，巴萨用一场5比2的大胜挺进八强。

2009年4月9日，1/4决赛首回合，巴塞罗那主场4比0大胜拜仁慕尼黑，终结对手当赛季欧冠不败战绩，克林斯曼的球队在巴萨面前溃不成军。梅西梅开二度，当赛季个人欧冠进球增加到8个，而且还被漏判了一个点球。为了给爱徒抗议，瓜迪奥拉甚至被罚上看台。一周后，巴萨客场1比1战平对手，总比分5比1晋级四强。

半决赛，红蓝军团遭遇老对手切尔西。在诺坎普进行的第一回合比赛中，顶替阿什利·科尔出任左边后卫的博辛瓦完美冻结了梅西，帮助切尔西在客场取得了0比0的平局。全场比赛，巴萨占尽优势，射门次数是对手的7倍，

蓝军的防守严密让巴萨球员感到泄气，这样也降低了他们的射门精确度。

做客斯坦福桥，巴萨在第 9 分钟就陷入被动，兰帕德传球被挡，埃辛禁区前左脚凌空世界波打在横梁下沿弹进大门。雪上加霜的是，阿比达尔第 66 分钟拉倒阿内尔卡被红牌罚下。奇迹直到补时第 3 分钟才出现，梅西横传助攻伊涅斯塔禁区前打进一记漂亮的劲射绝杀……巴萨最终依靠客场进球优势淘汰切尔西，与曼联会师决赛。

挪威主裁判亨宁的几次争议判罚成为比赛的焦点，切尔西主帅希丁克直言：“我的感觉就是我们被抢劫了！”这次对决让两支球队的矛盾达到了顶峰。

2009 年 5 月 28 日，罗马奥林匹克球场，万众瞩目的欧冠决赛打响。埃托奥的进球帮助巴萨打破僵局，梅西则为巴萨锁定胜局。在曼联的高大防线身边，1.69 米的梅西却用一记极为罕见的头球吊射攻破了范德萨的十指关，21 岁零 337 天的他成为欧冠决赛历史上进球年龄最小的球员。巴萨凭借这场胜利成为了西班牙足球历史上第一支在一个赛季同时夺得西甲、国王杯和欧冠“三冠王”的球队。梅西在 51 场比赛中打入 38 球，场均打入 0.75 球，其中欧冠 12 场打入 9 球，此时人们开始意识到梅西将向劳尔的欧冠射手王位置发起冲击。

同年 8 月的西班牙超级杯和欧洲超级杯，巴萨分别战胜毕尔巴鄂竞技和顿涅茨克矿工再夺两冠。西班牙超级杯次回合，梅西在第 50 分钟和第 67 分钟梅开二度，博扬在第 72 分钟射空门得分，最终巴萨以 3 比 0 击败毕尔巴鄂竞技，并以两回合总比分 5 比 1 夺得西班牙超级杯。欧洲超级杯，梅西在加时赛下半场助攻佩德罗绝杀，1 比 0，巴萨历史上第三次捧起欧洲超级杯。

2009 年底，世俱杯决赛在阿联酋阿布扎比打响，欧冠冠军巴萨对阵南美解放者杯冠军拉普拉塔大学生队。上半场，博塞利打入一个有越位嫌疑的进球，终场前 1 分钟，佩德罗头球破门救主，两队 90 分钟战成 1 比 1，加时赛第 110 分钟梅西胸部接应传中将球挡入门内，巴萨 2 比 1 击败对手。梅西用最匪夷所思的进球方式为巴萨填上了 110 年来最后一项冠军的空白。

至此，红蓝军团完成史无前例的“六冠王”伟业！欧洲足球百多年史上，还没有哪支球队能像巴萨这样一年内揽下所有参加的六项比赛的冠军头衔。瓜迪奥拉与梅西创造了历史，创造了一段前无古人的传奇。

2009 年 12 月 22 日，国际足联在瑞士宣布 2009 年世界足球先生由巴萨巨星梅西获得，他成为史上第一个获此殊荣的阿根廷球员，也完成了个人 2009 年 6 冠王和包揽欧洲金球奖、FIFA 先生的大满贯……

2009/2010 赛季欧冠联赛，梅西打进 8 粒进球，再次加冕欧冠金靴。值得一提的是，2010 年 4 月 7 日，在诺坎普进行的欧冠联赛 1/4 决赛第二回合中，尽管本特纳首开纪录，但梅西用一个大四喜擒杀枪手，助巴萨 4 比 1 获胜，两回合 6 比 3 晋级，五年内第四次杀入欧冠四强。梅西也成为欧冠历史上第 7 位单场连进 4 球

的神射手。遗憾的是，梅西和他的巴萨最终倒在“狂人”穆里尼奥率领的国米脚下……

这一次挫折并没有让如日中天的“梦三”倒下，2011/2012 赛季，巴萨延续了以往两个赛季的强势，不仅完成了联赛三连冠，在欧冠赛场上也一路高歌猛进。小组赛梅西斩获 6 球，率领球队以 4 胜 2 平的不败战绩小组头名出线。淘汰赛阶段，梅西每一轮都有进球。半决赛，巴萨与皇马狭路相逢，此时皇马主帅已经换成了穆里尼奥，正是他前一个赛季率领国米半决赛淘汰巴萨，并最终夺冠。另外一大看点是梅西与一生之敌 C 罗的再度碰面，葡萄牙人已经在伯纳乌效力了两个赛季。

梅西成为了首回合比赛的绝对主宰，他在伯纳乌先后两次攻克卡西利亚斯的十指关。尤其是第二个进球，梅西先后摆脱了皇马的四名大将最终破门，这也成为了 2011 年最经典的瞬间。巴萨也凭借着这场比赛的胜利确立了晋级决赛的优势。一周后，巴萨 1 比 1 战平皇马，以总比分 3 比 1 晋级，与曼联会师决赛。

2011 年 5 月 29 日，欧冠决赛在温布利大球场展开角逐，巴萨 3 比 1 取胜曼联。佩德罗先拔头筹，鲁尼一度扳平比分，梅西和比利亚随后破门。巴萨如愿捧起俱乐部史上第 4 座欧冠奖杯，而梅西在获得欧冠金靴三连冠的同时，也以 12 个进球成为欧冠单赛季进球纪录创造者。

同年 8 月 27 日，2011 欧洲超级杯在路易二世球场展开争夺，巴萨 2 比 0 力克欧联杯冠军波尔图，第 4 次夺得欧洲超级杯。新科欧洲最佳球员梅西再次扮演关键先生，他在第 39 分钟打破场上僵局，下半场挑传助攻法布雷加斯破门锁定胜局。年底的世俱杯上，巴萨在日本横滨以 4 比 0 击败南美冠军桑托斯，梅西打入 2 球，哈维和法布雷加斯各入一球，红蓝军团成为首支两次夺得世俱杯的球队。

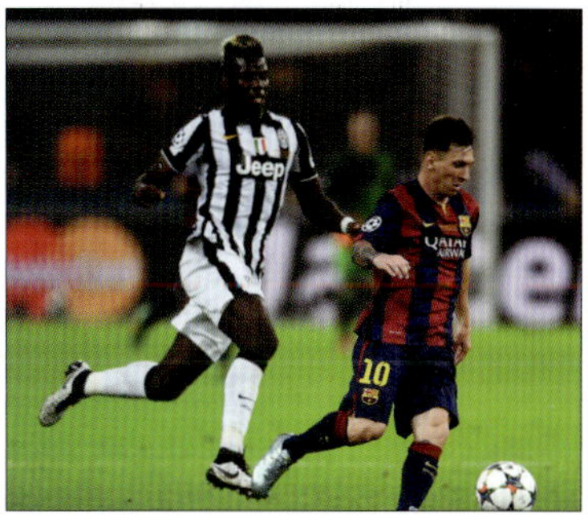

梦四启航：时代之王

号称“魔鬼主场”的诺坎普被认为是巴塞罗那的福地，然而，2011/2012 赛季却是个例外。2012 年 4 月 22 日之前，巴萨当赛季各项赛事从来没有在自家的主场输过一场球。三天之前，巴萨在西甲和欧冠双线都保持着对于冠军的竞争力，考虑到国王杯已经闯进决赛，红蓝军团甚至被加泰罗尼亚媒体寄希望于豪夺“三冠王”。但仅仅在三天之后，一切都化为泡影。

三天前的诺坎普，国家德比，皇马依靠赫迪拉和 C 罗的两个进球以 2 比 1 的比分击溃巴萨，在赢得胜利的同时也将联赛中与巴萨的积分差距拉大到 7 分，基本锁定了联赛冠军。三天后，欧冠宿敌切尔西同样在诺坎普踩着巴萨的尸体闯进了欧冠决赛，梅西在上半场助攻伊涅斯塔将比分扩大为 2 比 0，下半场，梅西射失点球还打中一次立柱，托雷斯补时进球。切尔西总比分 3 比 2 晋级。

事实上，就整个赛季的欧冠表现而言，梅西依然无懈可击，他再次获得欧冠金靴奖，这也是他连续第四个赛季获得这一殊荣，14 个球也追平了欧冠单赛季进球的纪录。其中，1/8 次回合决赛，巴萨主场 7 比 1 大胜德甲劲旅勒沃库森，梅西在比赛中攻入 5 球，这是梅西职业生涯首次单场打进 5 球，同时他也成为 1992 年欧冠改制以后首位单场比赛打进 5 球的球员。

然而，两场家门口的噩梦断送了巴萨整个赛季的辛苦，这支被冠以“宇宙队”的豪门终被打败，被迫重回地面。2012 年 4 月 27 日，巴萨召开新闻发布会，正式确认瓜迪奥拉在赛季合约到期后不再同俱乐部续约。

2012/2013 赛季，对于梅西和巴萨都不如意。在对阵莫斯科斯巴达的两场小组赛中，梅西都梅开二度。但此后伤病的问题影响了阿根廷人的表现，巴萨也在半决赛两回合惨遭“德甲巨人”拜仁 7 比 0 的羞辱。个人进球榜上，C 罗打破了梅西对欧冠金靴奖连续 4 个赛季的垄断，但巴萨天王在欧冠总进球数（59 球）上依然领先葡萄牙人 9 球，仅仅落后于“指环王”劳尔。

赛场上的不如意也弥漫到了场外，2013 年 7 月 20 日，上任仅 1 年的比拉诺瓦因腮腺癌复发无法继续担任巴萨主教练一职，红蓝军团被迫更换主教练，这样的变故似乎也预示着即将到来的 2013/2014 赛季不会太顺利。

一周后，巴萨宣布阿根廷人马蒂诺入主诺坎普。大多数人都知道梅西是从巴萨成长起来的巨星，但只有少数人知道他的足球梦起源于阿根廷的

纽维尔老男孩，而马蒂诺更是几乎将前半生都献给了纽维尔老男孩。这两个“老男孩”开始期待在异乡创造辉煌。

然而，残酷的现实给他们浇了一盆冷水。2013/2014 赛季，巴萨三大战场全部失利未夺一冠，7 年来首度无缘欧冠四强。梅西则遭遇了职业生涯最黑暗的一个赛季，伤病成为那个赛季的关键词，8 粒欧冠进球尚可接受，但他的光芒完全被逆天的 C 罗所掩盖。葡萄牙球星打进创纪录的 17 球，率领皇马夺得俱乐部历史上第十座欧冠奖杯，欧冠总进球数也追平梅西（67 球）。红蓝军团不得不接受自梦三时代以来唯一一个无冠赛季，这样的表现宣告一个时代的终结。

2014 年 5 月 20 日，巴萨官方宣布路易斯·恩里克正式成为球队新主帅，昔日的铁血队长重返诺坎普。

在梅西的人生字典里，或许超越就是对前辈最好的尊重。欧冠小组赛面对希腊人竞技，巴萨天王再次开启无解模式，比赛第 38 分钟，禁区内的梅西将拉菲尼亚的低射改变了路线，阿根廷人收获了个人的第 72 粒欧冠进球，从而完成了对劳尔的超越。然而，梅西的表演还远未结束，随后又连入两球，用一顶“帽子”为比赛画上了完美句号。

就在几天前，梅西刚刚以 253 球超越萨拉，成为西甲射手王。一周之内连续加冕西甲历史第一射手和欧冠历史第一射手，堪称世界足球的一道奇观。

淘汰赛中巴萨的对手都是各国豪门，但渐入佳境的红蓝军团前 5 战保持全胜，双杀曼城和巴黎，这 4 场比赛梅西虽然没有进球，但他频频为队友送出助攻，与曼城的第二回合比赛，梅西助攻拉基蒂奇打进全场唯一进球。与巴黎的首回合，梅西快攻中直传助攻内马尔先拔头筹。

“我会让梅西知道谁才是场上的老大”，这是拜仁门将诺伊尔半决赛前对梅西下的战书，但巴萨 10 号只用了 3 分钟，就把这句颇具气势的宣言变成了彻头彻尾的笑话。

2015 年 5 月 7 日，与拜仁的半决赛首回合交手中，梅西随心所欲地用两个进球和一次助攻轻松解决拜仁。相比第 77 分钟的打破僵局，3 分钟后的第二个进球可谓是逆天神作。梅西在接到拉基蒂奇的传球后，带球从右侧进入禁区，面对德国主力中卫博阿滕的防守，他先是将球往左一拨，然后迅速变向从右侧往里突破，博阿滕直接被他晃倒在地，样子十分狼狈。随后，在直接面对出击的诺伊尔时，在角度并不大的情况下，梅西选择了一脚轻巧的挑射，球划出一道完美的弧线飞入拜仁球门。本场比赛结束后，“犯罪式过人”成为球迷热议的新词。第 94 分钟，梅西中圈分球，内马尔单刀球低射破门。巴萨 3 比 0 大胜，为两年前主场 0 比 3 惨败拜仁成功复仇。尽管在次回合，巴萨遭遇拜仁顽强反扑，客场 2 比 3 告负，但仍以总比分 5 比 3 晋级决赛。他们的对手是时隔 12 年再度杀进决赛的“斑马军团”尤文图斯。

2015年6月6日，柏林奥林匹克球场，巴萨3比1战胜尤文，俱乐部历史上第5次、近 10 年第 4 次捧起欧冠冠军奖杯。这不算是一场属于梅西的决赛，3 个进球，梅西没有进球、助攻。但梅西大师级般的调度策划了第 1 球；暴力突破后远射导致布冯扑救，苏神补射破门射进第二球；第 3 球中快速精准的直传创造 3V2 反击。

终场哨响，梅西的表情相对淡定，他脸上露出笑容，与队友拥抱相庆。2014/2015 赛季欧冠，梅西在 13 场比赛中攻入 10 球，与 C 罗、内马尔并列射手榜第一。这意味着，梅西成为了历史上第一个在欧冠 5 次获得最佳射手荣誉的球员。

28 岁，102 场欧战比赛（99 场欧冠，3 场欧洲超级杯），77 个欧冠进球（欧战为 78 球，这 77 个进球有 60 个来自左脚，13 个来自右脚，4 个为头球），4 座欧冠奖杯，梅西的荣誉光环实在太耀眼。然而，巴萨天王还在书写着新的传奇……

梅西 3 次欧冠决赛数据

赛季	进球 / 助攻	射门 / 射正	威胁传球	过人	造犯规
2008/2009	1/0	3/1	3	6	3
2010/2011	1/0	5/3	4	10	6
2014/2015	0/0	3/1	4	10	5
总计	2/0	11/5	11	26	14

梅西国度②

诺坎普之王

梅西西甲篇

从天才到巨星，从跟班到领袖，从骁将到王者，一路走来，梅西经历了无数次淬火般地磨炼，终于走进了西甲王国的圣殿。他已经完成了数次华丽转变，之于未来，他注定会成为这个拥有 87 年悠久历史的联赛中最伟大的球员。

2005 年 5 月 1 日，巴萨对阵阿尔巴塞特，梅西替补出场，接罗纳尔迪尼奥挑传，打进了个人西甲联赛的首粒进球。那一年，梅西 18 岁。

2014 年 11 月 23 日，巴萨对阵塞维利亚，梅西上演帽子戏法，以 253 球超越传奇球星萨拉，成为西甲历史上进球最多的球员。这一年，梅西 27 岁。

9 年，289 球场比赛，梅西完成了从一个青涩替补到西甲联赛历史第一射手的终极进化。他就像在玩星魂龙创世塔的通关游戏，从塔底出发，一路将蒙多、帕伊尼奥、基尼、塞萨尔、迪·斯蒂法诺、劳尔、乌戈·桑切斯等前辈高人逐个击倒，并最终赢得了与终极 BOSS 萨拉的塔尖对话。事实上，第一射手的王者之路，仅仅是梅西从青葱少年到一代帝王的一条主线。透过这段旅程，每个人都能清晰地看到梅西跻身传奇行列的成长脉络。没有马拉多纳和罗纳尔多式的横空出世，也没有齐达内和 C 罗式的巅峰转会，在将自己打造成某个联赛的主宰上，梅西独一无二。西班牙《ABC 报》认为梅西比萨拉更具传奇色彩，“梅西的传奇还在继续，他正奔向一些有待发现的纪录，而萨拉已经属于过去”。

追梦之旅

关于梅西的足球故事，以及那些承载着梦想的励志情节，早已家喻户晓。如今，再抖出梅西从“侏儒”到“巨人”的桥段，恐怕会招人鄙视，“别逗了，这谁不知道”？实际上，梅西的职业生涯只有两种色彩组合，一种是蓝白，一种是红蓝。前者是一种民族血液的原始色，后者则折射出了更多有关梦想的颜色。

在梅西的追梦之旅中，有很多人对他伸出了援助之手，但有一个人不得不提，那就是前巴萨主帅，梦二王朝的伟大导师——里杰卡尔德。荷兰人发现并肯定了梅西的天赋，并在使之成为世界最强之前，给予了他最充分的铺垫。如果瓜迪奥拉是梅西通往圣殿的引路人，那里杰卡尔德无疑是阿根廷天王的造梦师。

多年以后，已经是 4 届金球奖得主，将各种奖杯拿到手软的梅西回忆起恩师里杰卡尔德时，仍旧满是感激。“有时候我不理解，为什么我不能进大名单，为什么我不能首发。现在回过头来看看，他是为了我好，他不希望拔苗助长。”梅西说，“我很感谢他，因为他永远都为我考虑。我永远感谢他以及他的整个教练组。”2004 年，17 岁的梅西进入巴萨一线队，并很快让所有人眼前一亮，《马卡报》在梅西的首秀后发表评论指出：“这个瘦小的孩子终将有一天带领巴萨走向前无古人的高度。”但里杰卡尔德保持了一个主帅应有的冷静和沉着，

他心里明白，再不世出的天才，也需要时间的打磨和比赛的历练，过早地透支一个天才的能量，无疑是致命的。

在里杰卡尔德手下，梅西被定义为右边锋，从 2004 年到 2008 年，里杰卡尔德有计划地对梅西进行了保护和培养，“梅西需要逐渐适应联赛的节奏，他毕竟只有 20 岁，不可能在一两年的时间内就达到他应有的高度，我们必须要有耐心”。所以，梦二时期的巴萨，并没有太多梅西的标签，在小罗和德科身边，他更像是一个虔诚而谦逊的跟班小弟。“我说了好多次，在我第一次进入巴萨更衣室时，小罗、德科、西尔维尼奥、莫塔等巴西人都热情地欢迎我，并给了我很多帮助。尤其是小罗，他代表着全队，我在他身边学到了很多。”梅西谈及他和小罗的友谊，“他给了我巨大的帮助，16 岁就进入一队更衣室永远是非常困难的事，小罗让一切都变得更轻松。非常幸运能够在他身边分享很多事，他是个伟大的人，这是最重要的。”

如果把梦二看作是一个美丽的蛋糕，而梅西仅仅是上面最精致的点缀。但无论是里杰卡尔德还是罗纳尔迪尼奥，都在与梅西的合作中看到了这个天才少年的光明未来。尤其是小罗，他甚至毫不在意队友关于“你要小心了，梅西会抢走你的位置”的警告，因为他相信，这个矮小的家伙，早晚有一天会成为红蓝战舰的舵手，谁都无法阻止。

2008 年夏天，里杰卡尔德和小罗相继离开诺坎普，结束了与梅西 4 年的合作。在巴萨管理层做出该决定的同时，他们已经下定决心，赋予那个 21 岁的阿根廷人更多的责任和使命。而彼时的梅西，还没有看到多少成为西甲联赛历史级巨星的曙光，他更希望在新主帅、新体系下拿更多的奖杯和冠军。但一年后，一切发生了翻天覆地的变化，梅西和巴萨站在了六冠王的圣殿之上，而他本人则拿到了首座金球奖和世界足球先生的桂冠。

圣殿之上

里杰卡尔德教会了梅西如何适应职业比赛的诀窍，而瓜迪奥拉则让阿根廷巨星真正懂得了如何驾驭西甲联赛。相比荷兰人，巴萨出身的瓜帅显然更懂得如何驾驭本国联赛，而他上任后的首要任务，便是对梅西进行改造。他改变了梅西先前右边锋的定位，而是让他出现在中路，成为名义上的伪9号前锋。彼时的西甲联赛，正处在一个比较尴尬的阶段，皇马正处在银河三期的筹备阶段，竞争力远不如前，而马竞、塞维利亚和比利亚雷亚尔等球会根本无法给强大的巴萨带来威胁。

瓜迪奥拉和他的新梦之队在一片大好的环境中起航，在2008/2009赛季的联赛中，梅西在联赛中打进23球，送出11次助攻，这是他首次在一个赛季的联赛里打进20+的进球。从那之后，梅西再也没有停下过疯狂进球的脚步。正是瓜迪奥拉的体系改造，加快了梅西超越传奇的步伐，渐渐地，梅西的纪录越来越多。2009/2010赛季，打进34球的梅西，首夺西甲金靴；2011/2012赛季，梅西破纪录地狂轰50球，成为西甲历史上首个单赛季破门50+的球员。

“只要里奥露出笑容，一切都会变得简单。”瓜迪奥拉如是说。他常常深思如何让梅西真正发光，首先他要向梅西灌输团队高于一切的理念，要将他的战术思想付诸实践，团队理念必不可少。瓜迪奥拉在其自传中曾提及，梅西想要出战每一场比赛，一度让瓜迪奥拉认为梅西过于自私。瓜迪奥拉的密友曾向他解释梅西的这种心态不是自私，而是一种野心，这种野心能让他成为世界最佳球员。

2009–2011年，梅西率领巴萨完成了西甲三连冠，他个人也在这三年里连续问鼎金球奖。“毫无疑问，梅西是当今世界最佳球星。”队友哈维说，“所有人都希望跟梅西同处一队。”尽管2012年，瓜迪奥拉因故卸任主帅一职，但在离开前的一个赛季，他还是力促梅西完成了恐怕是足球史上前无古人后无来者的一季。梅西在各项赛事中总共打进91球，整个2012年梅西一共创造了12项纪录，其中包括68球的欧洲俱乐部单赛季进球纪录，8个单赛季西甲“帽子戏法”纪录，10次西甲连续进球场次纪录，15个西甲“帽子戏法”纪录，以及56球的巴萨球员欧冠进球纪录。他正式走进了西甲历史最强球员的圣殿，成为不可撼动的主宰者。

2012年之后，梅西与C罗的竞争进入更加惨烈的阶段，两人你来我往的进球大战，成就了世界体育史上难得一见的奇观。曾有人指出，梅西与C罗的绝代双骄之争，唯有NBA世界里的“黑白双煞”方可媲美。恰恰是C罗在2009年创纪录地加盟，让西甲联赛的竞争格局发生变化，从而激发了梅西更为强劲的进球欲望。

我是传奇

还有哪些西甲纪录等待梅西去超越？可想而知，假如梅西保持健康并终老巴萨，西甲所有与进球有关的纪录都将会成为梅西的囊中之物。2013 年 3 月 31 日，在巴萨 2 比 2 战平塞尔塔的比赛中，梅西完成了连续 19 轮联赛对西甲 19 个对手分别进球的“通杀”纪录。2015 年 3 月 8 日进行的巴萨主场与巴列卡诺的西甲第 26 轮比赛中，梅西在短短 12 分钟内大演“帽子戏法”，帮助球队主场 6 比 1 横扫巴列卡诺。值得一提的是，这是梅西第 32 个西甲“帽子戏法”，超越萨拉成为上演西甲“帽子戏法”最多的球员。此外，梅西还是西甲联赛史上唯一一名连续 7 个赛季打进 20+ 进球的球员。

进球纪录逐个击破，而梅西似乎也并不满足于只在破门次数上高歌猛进。2015 年 2 月 16 日，巴萨主场 5 比 0 轻松击败莱万特，这是梅西的第 300 场西甲联赛，他完成了西甲中的第 106 次助攻，超越了菲戈成为西甲自 25 年前开始统计助攻数以来的第一人。就此，梅西成为西甲联赛史上的射手王兼助攻王，是当之无愧的西甲王中之王。

华丽的个人数据背后，还有一大堆和西甲相关的冠军锦标，梅西坐拥 7 座西甲联赛冠军，3 座西班牙国王杯冠军。在现役的西甲联赛球员中，除了同队的伊涅斯塔，没有人比梅西拥有更多的冠军荣耀。而在刚刚过去的这个“三冠王”赛季，有着皇马喉舌之称的《阿斯报》也打出了支持的标题，梅西成为该媒体评选出的 2014/2015 赛季西甲最佳球员。当死敌的媒体都倒戈支持，这是否意味着，梅西将收获第五尊金球奖奖杯？

无论如何，梅西都已经是站在西甲顶峰的那个男人，如前文所说，在一个球员一统某联赛的环节上，梅西做到了独一无二。多年来，人们热衷于讨论梅西与贝利，梅西与马拉多纳，梅西与罗纳尔多，梅西与 C 罗……恨不得将以上球星统统塞进机器猫的时光机，让他们来到同一个时空，一决高下。但鉴于联赛水平的高低，年代竞争氛围的迥异，各大巨星在各自联赛中的成就无法等量齐观。唯一可以拿来对比的，是在他们在影响并提升联赛竞争力的方式上的差异化。

梅西从替补一路走到时代的顶峰，始终在西甲联赛的土壤中不断攀升，这让他有别于马拉多纳、齐达内、罗纳尔多和 C 罗这些殿堂级的巨星。而鉴于国籍的缘故，即便梅西此生终老巴萨，他也无法跻身马尔蒂尼、杰拉德、普约尔等队魂图腾的巨星行列。他无法摆脱阿根廷足球的先天血液，华丽、飘逸、灵动的潘帕斯之风在梅西的身上恣意徜徉，但接受了拉玛西亚青训营专业的训练和磨砺后，让他更懂得如何去真正地驾驭比赛，成为货真价实的职业球员。

里克尔梅、艾马尔、特维斯等阿根廷球星的故事告诉我们，不是每一只才华横溢的潘帕斯雄鹰都有翱翔于欧罗巴天空的能力，天赋是一码事，适应力和驾驭力是另一码事。除了马拉多纳曾让整个意甲联赛为之疯狂外，梅西是第二个做到让一个联赛为自己打上烙印的阿根廷球员。这似乎提醒了人们一件事：梅西成为马拉多纳之后最接近球王宝座的那个人，并非偶然。

传奇的脚步永不停歇，我们相信当西甲联赛迎来百年庆典的那一刻，里奥·梅西，必将会是站在最前排的那个人。

15大锐视角

lionel messi 1987-2015

●文／张学民、尤俊

1 酷炫纹身

梅西身上的第一处纹身是献给他的母亲萨莉亚的——左肩上的母亲肖像。梅西曾经在进球后用敲打肩膀的方式庆祝，即是将进球献给母亲萨莉亚。儿子蒂亚戈的出生则更是让梅西体会到亲情和家人的重要性，为了纪念这个特殊的日子，梅西特意赶在父亲节那天，将爱子蒂亚戈（THIAGO）的名字以及蒂亚戈一双小手的图案纹在了自己的双腿上。梅西透露，他左腿上的手掌纹身图案灵感来源于和儿子的一次嬉戏，之后便决定忍痛为爱子献上这个特殊的礼物。

他左腿前侧的纹身图案是一把利剑，剑的下方是玫瑰花图形，而在剑柄的两侧是一个足球以及梅西的球衣号码“10”。

而梅西右手手臂新增的纹身则是受到了巴塞罗那地标建筑圣家族大教堂启发，这代表着巴塞罗那在他心中永恒的地位。而纹身中的表，寓意时间的流逝，莲花则象征着梅西的才华，其中还藏着一张南美洲的地图，以及一个仿效罗萨里奥地图形状的图案——那里是梅西出生的地方。

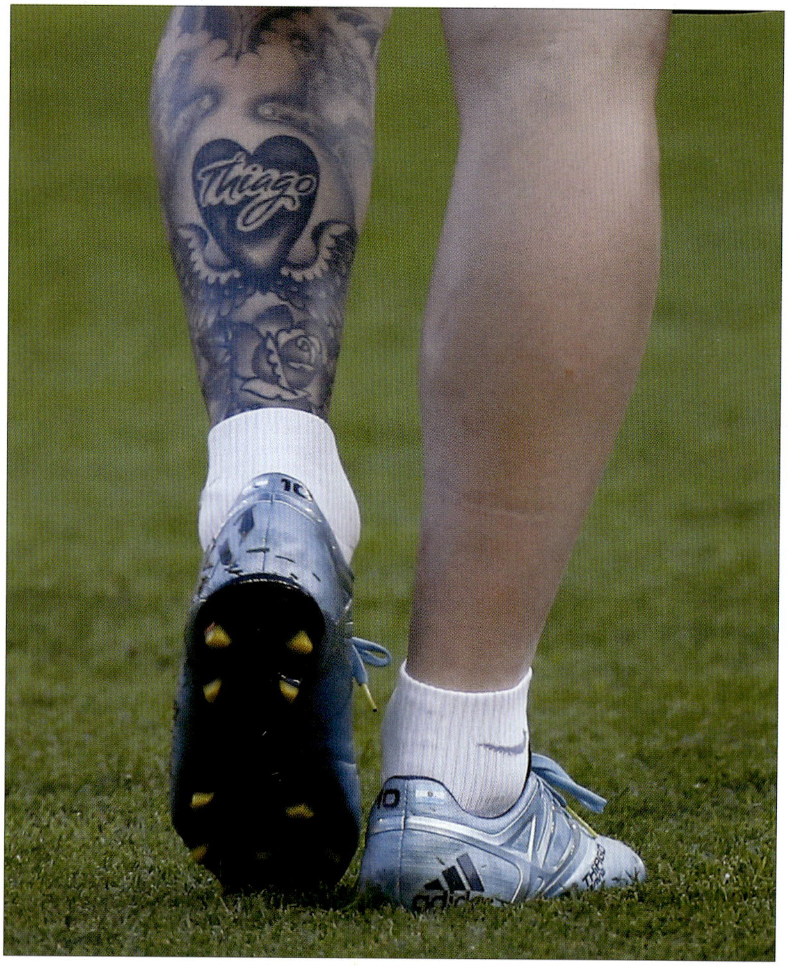

beko

QATAR
AIRWAYS

football is supposed to be fun
so we don't waste a minute
we play the ball not the ref
at speed

2 梅西博物馆

2013年3月7日，巴塞罗那城最热门的旅游景点除了圣家堂，米拉之家和诺坎普等必去之处外，位于加西亚大道的“梅西博物馆”也成为全球朝圣者们心中的殿堂。这座小型博物馆由梅西的主赞助商主办，巴萨俱乐部则给予了巨大的支持。镇馆之宝当然是属于梅西的4座金球奖奖杯，此外还有属于梅西的欧洲金靴奖以及各项赛事的冠军奖牌，这些给了球迷们一次全方位追逐偶像脚步的机会。

除了展示属于梅西的荣誉与历史外，博物馆还配备了许多高科技产品，让人们能够从不同的角度了解梅西，其中最令主办方骄傲的就是将梅西新款球鞋F 50的产品线放入博物馆中。这款球鞋采用了当下最流行的拼接色，梅西透露，如果你仔细地数一数，就会发现除了那一块醒目的红色外，另有10块白色在红色周围，这象征着梅西在场上的10个队友，巴萨强调的团队足球哪怕在一双球鞋上也被体现得淋漓尽致。

3 荣耀满载

从 2004/2005 赛季进入巴萨一线队以来，梅西穿过 30 号球衣，也穿过 19 号球衣，2008/2009 赛季，梅西从小罗手中接过红蓝军团的 10 号战袍，“小跳蚤”一步步成长为诺坎普之王，开始了征服世界的旅程。

2009 年，21 岁的梅西完成了俱乐部荣誉大满贯。生涯至今，27 岁的梅西已经跟随巴萨赢得了 23 个冠军，其中西甲冠军 7 个，国王杯冠军 3 个，西班牙超级杯 6 个，欧冠冠军 3 个，欧洲超级杯 3 个，世俱杯 2 个。

个人荣誉层面上，随着梅西在 2014 年收获世界杯金球奖，阿根廷球星就此囊括了作为一名职业球员能够获得的所有荣誉：4 夺金球奖、2 次欧洲最佳球员奖、8 次阿根廷足球先生、3 次欧洲金靴奖、2 次世界最佳射手、3 次西甲射手王、西甲历史最佳射手、欧冠历史射手王。

在国家队层面上，梅西也收获了世青赛冠军、奥运会冠军两项大奖。遗憾的是，美洲杯决赛两度折戟，巴西世界杯饮恨而归，这是梅西荣耀殿堂里欠缺的两项荣誉，好在，27 岁的他未来依旧有机会填补。

Estrella
Estrella
MARCA
MARCA
Estrella
MARCA

LFP

梅西15大锐视角

4 商业天王

谁是足坛第一人？论头衔，梅西四届金球奖加身；论收入，梅西也蝉联多届足坛球员富豪榜冠军。毫无疑问，无论是竞技还是商业角度，“小跳蚤”都是冠军。

英国《每日镜报》对2015年足坛球员总收入盘点的数据显示，梅西在巴萨的年薪高达2600万英镑，如果将各种广告代言费算在内，梅西一年的薪水将高达5200万英镑，也就是说每一周他就有100万英镑进账。这也让他成为当今足坛收入最多的球员。

尽管梅西与C罗相比，在形象与身材上不像后者那么高大俊朗、那么偶像化，但凭借当今足坛第一人的号召力与影响力，梅西在广告代言上却与C罗不相上下。梅西是阿迪达斯、百事可乐、D&G、万事达、麦当劳、微软X-Box游戏机、吉列剃须刀、三星等世界一线品牌的代言人。此外，梅西个人的赞助商也既多又全，涉及手表、鞋、饮料，甚至个人营养品牌等。这保证了“小跳蚤”的吸金能力。

梅西身价之高，在国际足坛没有人能企及。而即便是放眼整个国际体育世界，都是很难想象的。

F50

DOLCE & GABBANA

KICK IN THE MIX

LIONEL MESSI

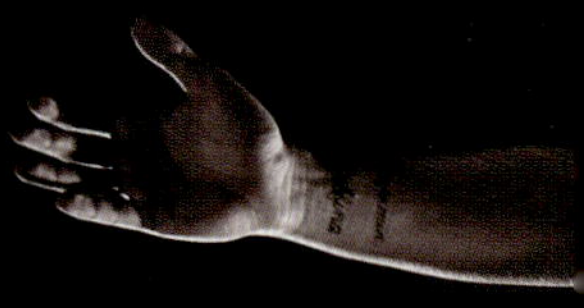

5 父子情深

获得2015年西甲冠军的第二天，梅西在家中与家人一起度过。在为获得的第7座西甲奖杯感到高兴的同时，梅西也享受着家人的陪伴，他在社交网络上传了一张与儿子蒂亚戈的合影并附言：“正在和我可爱的小胖子玩。”

2012年11月2日，梅西荣升为父亲，他抱着儿子，脸上洋溢着初为人父的喜悦，兴奋之情溢于言表。“今天我是世界上最幸福的人，我的儿子降生了，感谢上帝赐予我最珍贵的礼物！感谢我的家人，给所有人一个拥抱。”

而也就是从初为人父的那一天起，梅西对儿子蒂亚戈的疼爱无微不至。他不惜忍着疼痛纹身，只为给爱子一个特别的礼物，更在夺冠颁奖仪式上怀抱爱子一同出席，享受着胜利与亲情双倍的喜悦。

梅 西 15 大 锐 视 角

6 如花美眷

梅西和安东内拉演绎着青梅竹马的美丽童话，五岁相识相伴至今。安东内拉是梅西效力纽维尔老男孩少年队时一名队友的妹妹，尽管两人的恋情在2009年就公之于众，但他们却一如既往的低调，媒体极少捕捉到梅西和安东内拉的花边新闻。

安东内拉也早已得到了梅西家人的认可，梅西的妈妈甚至将安东内拉当成了自己的准儿媳。梅西曾说过“金钱没有改变我，我还是和以前一样”，“我妈妈总是告诉我让我尽快找个女朋友，然后组一个家庭”。对于梅西来说，安东内拉就是那个最好的人选。

时光倒流20年，他们在一起就读幼儿园和小学，美丽的安东内拉见证了梅西童年所有的辛酸苦辣和开心时刻。“多么嫉妒你昨日同过的窗，早些看着你美丽模样，对你天真的赞赏，遗憾我当时年纪不可亲手拥抱你欣赏……”梅西拥有安东内拉的成长印记，这世上还有什么比这更幸福的吗？

QATAR
AIRWAYS
QATAR
AIRWAYS
QATAR
AIRWAYS

100% JESUS

梅西15大锐视角

7 致敬偶像

谁是梅西的第一个偶像？那可不是马拉多纳。“我第一个真正钦佩的球员是艾马尔。”梅西说道，“我欣赏过很多球员，对于其中大多数人我已经记忆不深刻了，但我对艾马尔印象非常深，他是第一个进入我脑海中的名字。”

2014年FIFA金球奖颁奖典礼上，看着C罗获奖的梅西似乎心情不佳，但当大屏幕上艾马尔的画面出现时，梅西瞬间舒展了眉头。艾马尔在视频中对梅西说：“你是否依然对足球有着儿时的热忱？给你个大大的拥抱，祝你一切顺利！”再看“梅球王”，他的笑颜就像一个孩子，那一刻他仿佛就是罗萨里奥街头的野球少年。

2015年7月15日，现年35岁的阿根廷球星艾马尔正式宣布挂靴。在得知心中偶像的退役决定后，梅西特地在脸书留言，他说：“艾马尔，一位伟大的球员，也是我崇拜的偶像之一，刚刚决定退役。我祝愿你在人生的下一阶段一切顺利，感谢你让我们享受到你的足球魔力。”

梅西15大锐视角

8 MSN

过去人们谈论巴萨，总是会提到哈维与伊涅斯塔的中场“双子星”，正是他们在中场的运筹帷幄，联手开创了上一个属于巴萨的全盛时代。

随着哈维的老去，巴萨在2014/2015赛季改朝换代。从过去的“双子星”时代进入到了如今的“MSN”时代。梅西、苏亚雷斯和内马尔，这三名巨星都具备超凡的控球突破能力和一流的视野，同时又拥有一击必杀的本能。难能可贵的是，他们之间的互助是完全无私的。这也造就了他们三人2014/2015赛季在各条战线上合力为球队贡献了122球（欧冠27球）的亮眼成绩。

以梅西、内马尔、苏亚雷斯的进球数而言，“MSN”已经堪称史上最强三叉戟，他们已经帮助巴萨赢得了西甲、国王杯冠军，这还只是“MSN”合体的第一个赛季（苏神还停赛过）。三人场上能互相助攻，场下也是好友，所以未来若能形成更美妙的化学反应的话，那么他们爆发出的威力将更加不可限量。

9 欧冠之巅

2015年欧冠决赛，巴萨3比1击败尤文，赢得了俱乐部历史上第5座欧冠奖杯。颁奖典礼结束后，梅西深情亲吻“大耳朵杯“，他在个人社交网站上传他跟儿子合影的照片，还写着：“冠军！！！！！让我们继续前进！！！！”过了不一会儿，梅西又更新了，说道：“这四个冠军！”照片里，梅西竖起4个手指——这是梅西生涯获得的第4座欧冠奖杯。

2006年，当时不满20岁的梅西并没有进入首发，但当赛季在欧冠中打入六球的他已经开始成为球队中坚力量。之后三次欧冠决赛，梅西已经渐渐成为巴萨不可动摇的核心，2009年和2011年的决赛，梅西都取得了进球。2015年欧冠决赛，梅西虽然没有破门，让自己独占欧冠赛季射手榜头名，但是巴萨的三个进球都有着梅西的功劳，作为战术核心的梅西发挥着越来越多的无形作用。

10 泪洒绿茵

这世上有两个梅西，一个在巴萨四次捧起欧冠奖和金球奖，被众多足坛人士誉为世上最伟大球员；另一个则身穿蓝白条衫，试图在世界杯和美洲杯的舞台上证明自己的价值。

2015 年美洲杯决赛，阿根廷点球负于智利铩羽而归。阿根廷国脚比格利亚透露，在阿根廷丢掉美洲杯冠军后，梅西曾经伤心欲绝并且痛哭流涕，“我从来没有见过这样的梅西，彻底绝望、不受控制地痛哭，这是一个悲伤的画面，看到这样一个球员以这样的方式宣泄，我无法用语言描述我的感受”。

错失美洲杯冠军让梅西承受了巨大的压力。除了来自外界舆论的口诛笔伐，他的女友安东内拉也因病住进了医院，但梅西以单薄纤弱的身躯承受住了这所有的一切，失利后首次出现在镜头中的他依旧亲切随和一如往昔：“我很好，大家都很好，我的女友和她肚子里的小宝宝也很好。”

两情若是久长时，又岂在朝朝暮暮，这是梅西对阿根廷国家队的深情，是阿根廷对美洲杯、世界杯的痴情。或许在不久的未来，梅西能把俱乐部的好运带到国家队，帮助潘帕斯雄鹰展翅翱翔，攫取大力神杯。

梅西15大锐视角

11 未竟之王

如今足坛上，总有这种争论，梅西是不是当今最出色的球员？是不是新一代“球王”？是不是超越了马拉多纳、罗纳尔多和贝利？

其实在技术层面上说，梅西绝对是现今世界上最好的球员。阿根廷球星已经囊括了俱乐部荣誉和个人荣誉的大满贯。不过，马拉多纳、罗纳尔多和贝利三人，除了在俱乐部获得的荣誉外，均获得过世界杯冠军。因此有很多人认为梅西虽然是出色的球星，但想要获得“球王”的称号，必须要带领国家队获得大赛冠军，才能更有说服力。

2014年巴西世界杯、2015年美洲杯，梅西连续两次获得比肩三位球星的机会，但最终都失之交臂。2016年恰逢南美足联成立100周年，南美足联也因此决定举办一届“特殊意义”的美洲杯赛事。相信阿根廷经过连续两届打入决赛的世界大赛，这只草原雄鹰肯定会在2016年的美洲杯踌躇满志，飞向美洲之巅。

梅西15大锐视角

12 美洲之殇

2007年夏天，20岁的梅西第一次出战美洲杯，小组赛末战对阵巴拉圭，替补出场的梅西送出妙传，马斯切拉诺一蹴而就。1/4决赛对秘鲁，梅西、马斯切拉诺各入一球帮助阿根廷晋级。半决赛对墨西哥，梅西又打入了一粒惊世骇俗的进球。决赛面对老对手巴西，潘帕斯雄鹰彻底迷失，三球完败于桑巴军团。这届美洲杯，梅西6次出场打入2球并有1次助攻，当选最佳球员。

2011年在阿根廷本土举办的美洲杯无疑是梅西心中的痛，小组赛跌跌撞撞1胜2平艰难出线，而随后的1/4决赛，阿根廷在点球决战中不敌乌拉圭惨遭淘汰。梅西在4场比赛中一球未进，风采尽失。

2015年美洲杯点球大战中仅由梅西打进一球，最终智利队以4比1胜出，首次夺得美洲杯冠军。22年未曾染指大赛冠军的“潘帕斯雄鹰”只能继续等待。

梅西15大锐视角

13 欧冠早餐

2015年6月7日凌晨，巴萨3比1击败尤文夺得欧冠冠军。第二天早上，梅西就在Instagram晒出自己与“大耳朵杯”共进早餐的照片。

在这张照片中，梅西穿着休闲T恤和运动短裤，面带笑容，身旁的座位上放着欧冠奖杯。可以看出，这位新科三冠王得主心情十分不错，正与自己的战利品共进早餐。

在这场3比1的胜仗中，梅西并没有进球或助攻，但夺冠他功不可没。27岁的梅西已经4夺欧冠冠军，这座奖杯也算得上是他的“老朋友”了。

梅西15大锐视角

14 梅西时代

大约6500万年前，地球经历一场浩劫。统治地球1亿多年的各种恐龙灭绝，中生代结束，地球进入新生代。对足球世界来说，也可以划分时代——前梅西时代和梅西时代。各种上古大神在自己的领域苦心修炼10年、20年，书写无数传奇纪录，梅西横空出世，28岁不到就将所有传奇名字抹去，刻下Messi的印记。

从2009到2012年，金球奖的得主只有一个名字：里奥·梅西。2012年，梅西在巴萨和阿根廷打进91球，创造自然年进球之最；西甲历史射手王（286球），后人根本追不上的节奏；单赛季狂轰73球，史无前例；欧冠历史射手王（77球），还在不断刷新；西甲戴帽王、西甲助攻王、国家德比第一射手……

梅西15大锐视角

15 再战江湖

2014/2015赛季，梅西、苏亚雷斯、内马尔组成的“MSN”组合大杀四方，单赛季携手打进122球，成为史上最强的三叉戟。“MSN”的出色发挥帮助巴萨在2014/2015赛季豪揽西甲联赛、国王杯以及欧冠三冠王，看起来巴萨的梦四王朝已经建立。

2015年夏天，巴萨由于受到欧足联的处罚而被禁止引进新援，不过红蓝军团还是斥资4000万拿下了马竞中场阿尔达·图兰。图兰视野开阔，防守强悍，脚下技术出众并且还有一脚远射，被认为是哈维的接班人，可以为巴萨带来一直以来缺少的那点中场硬度。可以想见，下赛季下半程巴萨禁令到期后，图兰、拉基蒂奇坐镇中场，锋线“MSN”一起飞的美妙画面。

“MSN”状态正佳，中场硬度加强，后防固若金汤，作为西甲两巨头的巴萨可以说丝毫不怵皇马，因此巴萨绝对是下赛季西甲联赛桂冠的最有力争夺者。

反观竞争对手，刚刚换帅的皇马已经爆出将帅不和的传言，一贯在转会市场上挥金如土的弗洛伦蒂诺至今没有大手笔，银河战舰下赛季前景堪忧；西蒙尼的马竞虽然作风顽强，但走了图兰、曼朱基齐等大将后冲击冠军恐怕并不容易。

QATAR AIRWAYS
24

独步

LIONEL MESSI FC BARCELONA

独步天下的惊世绝技
超越凡尘的神迹无双

天 下 无 双

绝技
神迹

凌波微步

独步天下的惊世绝技

“动无常则，若危若安。进止难期，若往若还。”这是《洛神赋》中关于“凌波微步”的句子。而在足球世界里，梅西将这一武侠小说里的旷世绝学演绎得淋漓尽致。如果说因扎吉是生活在越位线上，那梅西就在高速盘带里。他的快，摄像机镜头都追不上。

在高速盘带下，梅西有着超越所有球员的高触球频率，这使得足球几乎粘在他的脚上，防守球员几乎无法断球。

前阿根廷主帅巴西莱曾说：“梅西简直就是个火星人。任何人都不配和梅西相比，他的速度实在太快了。在梅西带球时，很多球员空跑都追不上他。”梅西带球时球就像粘在他脚上一样，对手很难从他脚下断下球，他最令对手畏惧的武器是带球突破，出众的球感、速度、爆发力和平衡能力组合成了最可怕的盘带机器，他能够在最狭小的空间里寻觅到突破的可能，在当今足坛，梅西可以说是这方面能力的第一人。

真正让对手防不可防防不胜防的是，梅西可以在高速突破时不断地改变路线。加之每次都是小范围的推拨球，往往很难被断掉，这就是为什么梅西的突破可以如入无人之境。

10

魔法精灵

独步天下的惊世绝技

潘帕斯草原盛产飘逸优雅的魔法精灵，一个咒语就能让对方的钢铁后防线化为无形。关于梅西和C罗的比较从来都没有停止过，小罗的评价一针见血："C罗几乎没有短板，委实全面；梅西的可贵之处在于，他就像会魔法一般，总能做一些不可思议的事情。"

梅西拥有完美的足球意识，在高速带球行进中，能机警地捕捉到对方防线上的漏洞，并立刻做出攻击选择。观察梅西的跑位就如同欣赏一支飘逸、洒脱、典雅、含蓄的阿根廷探戈，多变节奏和快速步法，繁复变换，打乱防守者的步法，从而甩掉对手，完成致命一击。

所有人都知道梅西进球如拾草芥，事实上，梅西的传球水平也是神鬼莫测。他的传球稳准狠，极其具有穿透力，看似沉闷的局面，他都能以一脚精妙的分球，直插对手腹地，从而打破场上的均衡，巴萨天王如今领跑西甲历史助攻王，其传球能力可见一斑。

作为世界上最犀利的射手，梅西的射术精湛、脚法灵活多变，是所有后卫心中的噩梦。他具备了优秀射手的一切素质，出色的突击能力、敏锐的门前嗅觉、精准的脚法、冷静的头脑、高效的把握机会能力，梅西无疑是最令人生畏的前锋。

生涯至今，梅西已经为我们奉献了无数次叹为观止的表演，就像电影《大魔术师》里的梁朝伟那样，用神乎其神的技巧，将所有对手玩弄于股掌之中。2015年6月1日，巴萨"客场"3比1击败毕巴的国王杯决赛中，梅西又开挂了。上半场，梅西打进了他2014/2015赛季最精彩的一粒进球，在右路，他一条龙打爆对手4人防守，最后把球送入球门近角，完成对毕巴后防线的羞辱。当梅西打入这样一记惊世骇俗的进球后，收获赞誉就是自然而然的事情，事实上就在梅西破门后的第一时间，巨星贝克汉姆就在社交平台上赞叹道："古灵精怪的梅西在国王杯决赛大秀魔法啊！"

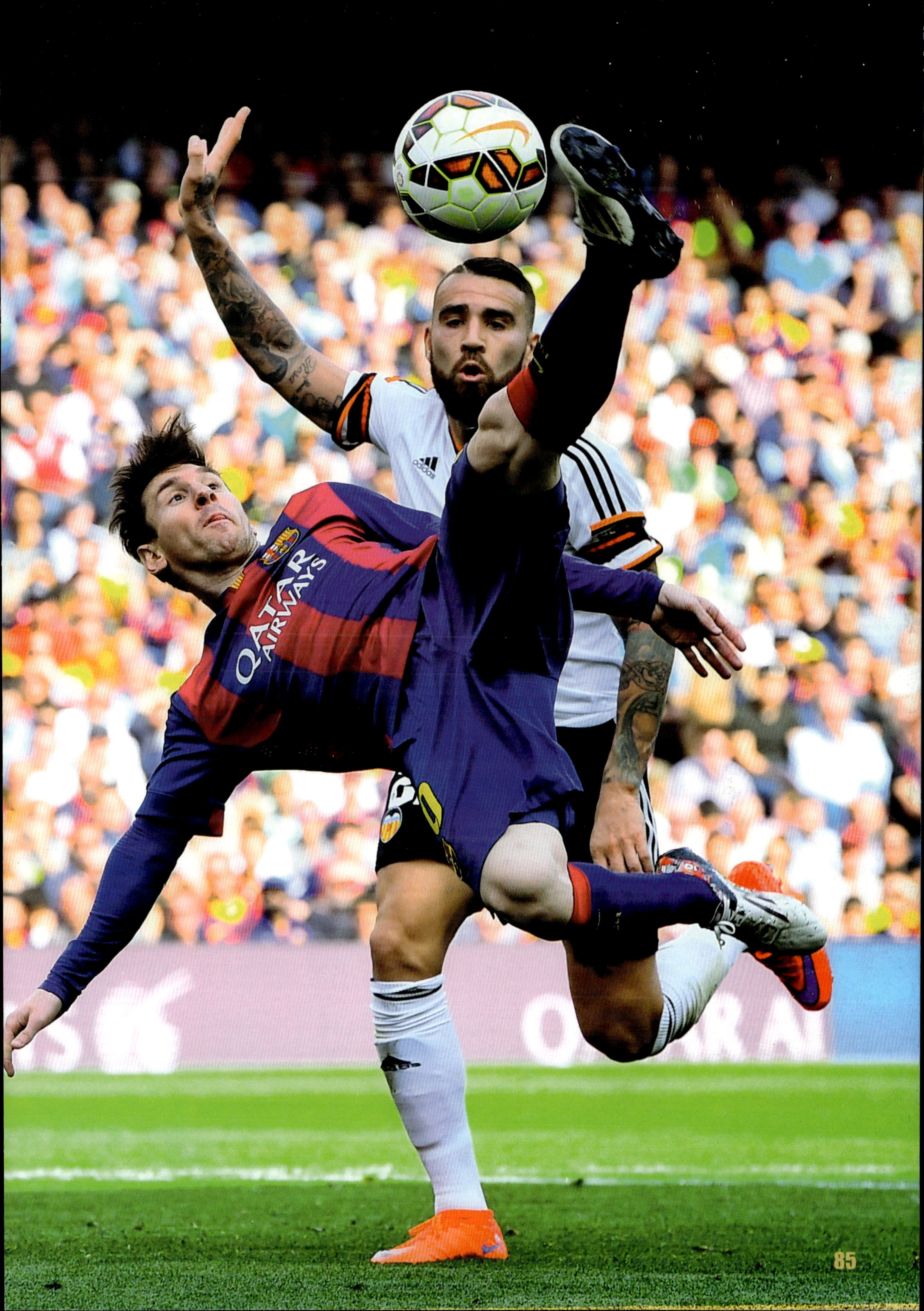
QATAR AIRWAYS

神迹无双

超越凡尘的神迹无双

作为超越时代的绿茵王者，梅西用白浪连山般层出不穷的伟大比赛来证明自己，那些令人眩目的精彩瞬间早已成为旷世经典而永载史册，而这一切都已成为不可复制的神迹！

2012 年梅西打入 91 个进球，从 1972 年穆勒创造纪录至今，过了整整 40 年才有球员改写纪录，未来谁会超越梅西？也可能是他自己。

这 91 球分布于 89 场比赛，他在西甲打入 59 球；国王杯与西超杯总计打入 7 球；11 场欧冠斩获 13 球。他为阿根廷队攻入 12 球。此外，这 91 球当中包括22次梅开二度，6次帽子戏法，2 次大四喜，甚至还有 1 次单场独中五元，这次伟大神迹发生在欧冠巴萨 7 比 1 大胜勒沃库森一役。

和马拉多纳一样，梅西也有着一只黄金左脚，在他本年度打进的所有进球当中，有 81 球来自左脚，右脚只有 7 球入账。另外还顶进了 3 粒头球，实在是难能可贵。梅西虽然身高不高，但是爆发力出众，特别是在狭小范围内的变线突破更是独步天下，阿根廷人尤其喜欢在禁区内活动，在他所有的进球当中有 77 粒是出自禁区内。

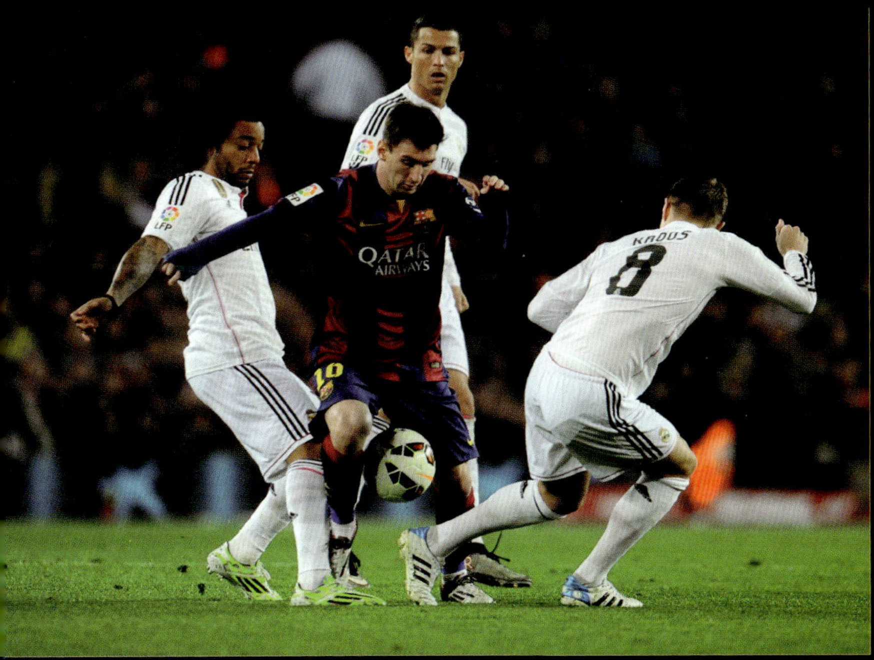

梅西十大经典战

LIONEL MESSI FC BARCELONA

1 西甲首球

2005 年 5 月 1 日 巴萨 2 比 0 胜阿尔巴赛特

上半场巴萨以 0 比 0 和对手战平。直到下半场第 66 分钟，才依靠埃托奥的破门打破僵局。比赛至 88 分钟梅西替补出战，仅过两分钟，梅西接小罗妙传后挑射破门，成为巴萨史上进球第二年轻的球员，梅西不仅打进自己在巴萨的处子球，并从此开始了自己的巨星之路。

2 德比戴帽

2007 年 3 月 10 日 巴萨 3 比 3 平皇马

皇马曾三球领先，而且巴萨还是 10 人应战，但因一人而不同——他就是梅西，他两度扳平比分，分别在第 11 分钟和第 28 分钟。在比赛进入伤停补时的时候，梅西第三次站了出来，单枪匹马甩开了两名后卫，禁区左肋破门，完成生涯第一个帽子戏法，以一己之力为巴萨主场留下 1 分。

3 连斩六人

2007 年 4 月 18 日 巴萨 5 比 2 胜赫塔菲

西班牙国王杯半决赛首回合，诺坎普球迷见证了伟大的时刻，比赛进行到第 29 分钟，梅西打入一粒“马拉多纳式”进球，整个过程耗时 11 秒，长途奔袭约 60 米，连过 6 人，躲过 3 次逼抢、3 次铲球，从启动到完成射门，梅西的这个进球与马拉多纳的千里走单骑几乎是如出一辙。这样的表现足以让他获得“球王接班人”封号。

4 临危救驾

2009 年 2 月 1 日 桑坦德 1 比 2 负巴萨

本场比赛梅西得到轮休，第 54 分钟，日基奇主罚点球命中，桑坦德 1 球领先。失球后瓜迪奥拉马上换梅西上场。第 64 分钟，亨利左路传中，哈维门前近距离头球击中横梁后弹出，后点跟进的梅西轻松将球推进空门，1 比 1。第 80 分钟，梅西禁区右侧胸部停球，在门前 6 米处右脚凌空射门得分，巴萨 2 比 1 反超。为巴萨队打进球队历史上第 5000 个进球。

5 力擒红魔

2009 年 5 月 27 日 巴萨 2 比 0 胜曼联

开赛第 10 分钟，伊涅斯塔中路带球突破塞到禁区右侧，埃托奥巧妙扣过维迪奇，为球队先拔头筹。第 70 分钟，哈维右路得球突至禁区前沿准确起球越过费迪南德头顶，梅西后点距门 6 米处头球吊射入远角。身高不足 1.7 米的梅西总被世人讽刺，但“小跳蚤”却能在世界最高舞台上完成头球破门。这是梅西生涯中最重要的头球破门，也是欧冠决赛中的经典。

6 阻击枪手

2010 年 4 月 6 日 巴萨 4 比 1 胜阿森纳

双方首回合 2 比 2 战平，次战阿森纳第 18 分钟取得领先，反越位成功的沃尔科特禁区右侧传中，中路本特纳抢先破门。阿森纳总比分 3 比 2 领先。巴萨第 21 分钟扳平比分，梅西禁区弧内左脚劲射右上角入网，总比分 3 比 3。巴萨第 37 分钟反超比分，佩德罗回传，梅西在小禁区边缘处右脚推射破门。第 42 分钟扩大领先优势，反越位成功的梅西禁区边缘面对出击的阿穆尼亚轻松挑射破门，这是他本赛季第 4 个帽子戏法，也是近 21 天内的第 3 个帽子戏法。

7 五球膜拜

2012 年 3 月 8 日 巴萨 7 比 1 胜勒沃库森

欧冠半决赛次回合，比赛第 25 分钟，哈维中路挑传，梅西单刀突入禁区，挑射破门。第 42 分钟，梅西摆脱三名后卫左脚劲射破门。下半场第 49 分钟，小法中路挑传，梅西反越位成功，上演帽子戏法。第 58 分钟，梅西与队友做墙式配合后，单刀破门上演大四喜。第 84 分钟，梅西弧顶远射破门，梅西打进本场个人第 5 个进球，这也是他职业生涯首次在单场比赛打进 5 球。本场比赛是自欧冠改制以来，第一次有球员在一场比赛中打进五个进球。

8 征服伯纳乌

2014 年 3 月 25 日 巴萨 4 比 3 胜皇马

巴萨做客伯纳乌，开赛仅 7 分钟，梅西助攻伊涅斯塔破门。皇马在第 20 分钟和 24 分钟连入 2 球反超比分。第 42 分钟，梅西同内马尔踢墙配合后 12 码处劲射入右下角，2 比 2 平。皇马第 55 分钟由 C 罗罚进点球，3 比 2。第 65 分钟比分再次扳平，拉莫斯禁区内对内马尔犯规，被红牌罚下，梅西主罚点球命中，3 比 3。双方在伯纳乌的世纪大战中各入 3 球，是 45 年来首次。第 84 分钟，小白在禁区左侧突破被拉倒，梅西再次主罚点球命中，4 比 3 巴萨反超比分。梅西成为首位在伯纳乌的世纪大战中上演帽子戏法的巴萨球员，也成为首位在世纪大战中两次上演帽子戏法的巴萨球员。

9 欧战千球

2014 年 11 月 5 日 巴萨 2 比 0 胜阿贾克斯

欧洲冠军联赛 F 组第 4 轮，比赛第 36 分钟，门将西莱森出击失误，巴特拉禁区右侧争顶得球凌空妙传，梅西在门前 9 米处顶进左下角。第 76 分钟，梅西右路内切到禁区弧顶分球，佩德罗禁区左侧低传，梅西在门前 5 米处脚底铲进门内。梅西 90 场欧战进 71 球，追平了劳尔 142 场欧战进 71 球进球的纪录。梅西在欧冠的场均 0.78 球排在欧冠进球率首位。

10 百场欧冠

2015年5月6日 巴萨 3比0胜拜仁慕尼黑

欧洲冠军联赛半决赛首回，比赛一直焦灼到第 77 分钟，阿尔维斯前场抢断后传球，梅西禁区边缘外射出反弹球入右下角。第 80 分钟，拉基蒂奇传球，梅西禁区右肋晃倒博阿滕后在小禁区右上角挑射入网。梅西在 3 分钟内打进两球，创造欧冠最快梅开二度的纪录。本场比赛是梅西参加的第 100 场欧战比赛，也是他参加的第 97 场欧冠比赛。巴萨欧冠 9 连胜追平俱乐部在 2003 年 2 月创造的欧冠连胜纪录。

万王之王

登顶至尊的万王之王

他是旷古绝今纪录收割者，超越前贤，横扫八荒，独霸着一个时代的纪录榜榜首。而每一项纪录的超越，梅西都会收获一座王者的桂冠。集万王于一体，创百世之毫巅。虽然已经贵为万王之王，但梅西帝国的疆域，依旧不断扩张。

2012 年梅西连续第四年荣膺金球奖，成为唯一一位金球奖四连霸的球员。

梅西在 2011/2012 赛季中一共打入了 73 个进球，并在 2012 年全年一共打入了 91 个进球，成为单赛季进球王。

在 2014/2015 西甲第 12 轮，梅西以 368 球打破了西甲联赛的历史总进球纪录，成为西甲射手王；2014/2015 赛季结束，梅西共参加了 102 场比赛，打进了 77 粒入球，成为欧冠射手王。

梅西是巴萨历史上唯一一位在联赛的主场比赛中攻入超过 100 球的球员。至今在诺坎普共打入 142 球。此外梅西是巴萨历史上唯一一位在各项赛事的主场比赛中打入超过 200 球的巴萨球员。

2015 年 2 月 16 日，梅西在对莱万特的比赛中打入 3 球并有 1 次助攻，这是梅西西甲第 106 次助攻，超过菲戈的 105 次，成为西甲助攻王。

LFP
FCB
QATAR
AIRWAYS
10

MSN
最强梦幻三叉戟阵容解析

2015年5月18日，巴萨客场1比0击败马竞，提前一轮锁定联赛冠军。终场哨响的一瞬间，巴萨将帅无视卡尔德隆球场漫天的嘘声，忘情相拥。梅西、苏亚雷斯和内马尔冲到镜头前，咧着嘴合影留念。过去的这个赛季，南美三兄弟合力奉献了最荡气回肠的演出，三人攻进了122粒进球，成为欧洲联赛中火力最旺盛的三人组合。

《每日体育报》在巴萨夺冠后打出了“三叉戟的西甲冠军：梅西、内马尔、苏亚雷斯”的标题，直言恩里克的巴萨在2014/2015赛季夺得西甲冠军，将会因三大前锋组成的三叉戟的超强进攻能力而闻名于世。而作为球队的后防中坚，同时也是最了解“MSN”组合的皮克，也坚定地告诉记者：“梅西、内马尔和苏亚雷斯的组合，是我见过的历史上最好的三叉戟。”

史上最佳？当然，皮克此言颇有对自家队友的赞美和护驾之意，因为仅就组合成就而言，如今的“MSN”组合还无法比肩AC米兰的“荷兰三剑客”、国际米兰的“德国三驾马车”以及贝尔格莱德红星队的“三个火枪手”。即便是同死敌皇马的“BBC”组合相比起来，也逊色不少。“MSN”组合天马行空的进攻创意，以及无可匹敌的进球效率，让他们足以秒杀各路三人组，但若想成为史上最佳，还需拿下更多的冠军，并开创属于他们自己的一代王朝。

巴萨三叉戟在2014/2015赛季联手打入122球，其中西甲81球，国王杯14球，欧冠27球，毫无争议地成为欧洲最强三人组。他们比2011/2012赛季皇马缔造的单赛季118球的纪录还多出4球。而作为对比，皇马近两个赛季风光无限的“BBC”组合正在与“MSN”的对抗中落入下风，银河战舰上赛季凭借“BBC”的强势横扫欧洲，但进入2015年之后，皇马表现起伏不定，贝尔在更衣室里的角色变得暧昧，“BBC”威力锐减。

根据《世界体育报》的数据统计，“MSN”组合每90分钟的进球效率为2.4球，超过了“BBC”的2.3球。助攻方面，“MSN”90分钟送出1.2次，而“BBC”则为1次。创造机会方面，巴萨组合的6.2次也远超皇马组合的5.2次。多相比较，孰强孰弱，高下立判。苏亚雷斯加盟之初，媒体曾为其能否跟梅西和内马尔和谐相处表示担忧，但一个赛季下来，乌拉圭人用表现击碎了质疑，他与两位南美老乡的相处十分融洽。投桃报李式的助攻回敬比比皆是，而在进球后，三人忘情相拥庆祝的画面令人动容。“MSN”组合正在经历他们的蜜月期，而皇马则正在为贝尔“独狼”事件头疼不已，“BBC”远没有球迷想象中的那般亲密无间。

“MSN”组合会成为史上最好的三人组吗？荷兰三剑客、德国三驾马车、前南三个火枪手都有各自彪炳史册的成就，但他们从没有在第一个赛季就完成如此至高无上的荣耀。当然，我们也可以将视线放得更远，28岁的梅西和苏亚雷斯以及23岁的内马尔，他们还有大把的时间来巩固史上最强三叉戟的地位。只要巴萨俱乐部不主动拆散该组合，以恩里克目前的战术体系和巴萨鼎盛的团队配置，开创梦四时代就像万事俱备摁下power键那般简单。

铁三角、三剑客、三驾马车、三个火枪手……留名青史的足坛梦幻组合历来以三人组形态面世。进入千禧年以来，欧洲联赛中不乏实力超群的三人组合，但没有一组像如今的“MSN”这般如梦如幻。梅西、苏亚雷斯和内马尔，正在缔造属于他们的红蓝神话，他们能否成为史上最强的三叉戟？

●文 / 西贝林 3

MESSI

里奥·梅西
LIONEL MESSI

王者之道

2013 年和 2014 年，当 C 罗狂刷进球数据并连续加冕 FIFA 金球奖时，多数媒体认为梅西将无法重回巅峰。“关键比赛的影响力和掌控力大不如前，梅西正在渐渐从‘球王’位置上滑落。”《马卡报》的评论如是指出。但本赛季，随着恩里克执掌帅印，苏亚雷斯强势加盟，梅西在巴萨重新找回了踢球的感觉，并大有重返巅峰之势。截至目前，梅西已经打入了 56 粒进球，其中西甲 43 球，冠军联赛 10 球，国王杯 5 球。除了如潮的进球数据外，梅西还在三项赛事中贡献了 26 次助攻，俨然成为球队灵魂人物。

《每日体育报》发表文章表示，梅西正在将过去两年丢失的东西全部找回，在与 C 罗的较量中，阿根廷球王又重新掌握了主动权。据西班牙媒体分析，梅西王者归来得益于其良好的饮食习惯以及在战术层面的角色转型。2008 年，在瓜迪奥拉执掌巴萨时，梅西就曾放弃一种铺上面包屑、涂上蕃茄酱和奶酪的厚牛肉片，他还放弃了可乐、冰块以及棒棒糖。六年之后，梅西重新让自己的饮食变得严格，现在他只吃自己的身体机能需要的食物。他需要什么？医学营养专家波塞尔对梅西的身体做了非常全面的检查与分析。结果梅西在 9 个月的时间里减掉了 10 斤体重，他的力量、速度、爆发力均有了很大提升。

球队层面，随着恩里克在巴萨执教生涯进入全新阶段，少帅逐渐克服了与弟子的各种磨合弊病。他对梅西表现出了充分的信任，让后者获得了更多的自由度。在场上，梅西每时每刻都在选择自己想踢的位置，他知道如何加入行动，调动队友。他指挥着乐团，调动各种不同的乐器。当哈维老去，瓜迪奥拉时代的短传渗透已无法发挥魔力，梅西成为巴萨重返巅峰的指挥官。“如果哪天哈维跑不动了，我就替他多跑点。”梅西兑现了当年的诺言，他成为巴萨战术体系中的绝对核心，从策动进攻到终结进球，事无巨细地领导球队大步向前。可以预见的是，假如巴萨能够在欧冠和国王杯中成功夺冠，2015 年的 FIFA 金球奖将重回梅西手中，他的第二段黄金时代正在悄然降临。

LFP
QATA
AIRW

梅 西 2014/2015 赛 季

61进球全记录

梅西在2014/2015赛季总进球数61个，包括联赛进球数43个、欧冠进球数10个、国王杯进球数5个、国家队进球数3个。

1-2 2014年8月24日西甲第1轮，巴萨主场3比0胜埃尔切。第42分钟，布斯克茨前场铲断，梅西在数人包夹中小禁区外处低射右下角入网。第63分钟，梅西同阿尔维斯踢墙配合未果，阿根廷人独自在禁区内连过3人后推射左下角入网，锁定胜局。

3 2014年9月21日，西甲第4轮，巴萨客场5比0胜莱万特。第77分钟，马蒂厄禁区左侧劲射被没收。但赫苏斯手抛球失误，梅西断球晃过罗达斯后禁区边缘内挑射破门，将比分锁定为5比0。

4-5 2014年9月27日西甲第6轮，巴萨主场6比0胜格拉纳达。第62分钟，哈维精准长传，阿尔维斯禁区右侧第一时间凌空垫传，梅西近距离头球破门，这是他个人生涯第400粒进球。第82分钟，梅西抢断穆里略后，单刀面对门将推射入网，将比分定格为6比0。梅西本场打入2球并贡献2次助攻，巴萨主场3连胜。

6 2014年9月30日欧洲冠军联赛F组开始第2轮，巴萨客场2比3负于巴黎圣日耳曼。第11分钟，梅西与左侧的伊涅斯塔打出二过一配合，在门前13米处左脚推射入右下角，将比分扳成1比1平。这是梅西代表巴萨433场比赛的第360球。梅西也超过皇马的劳尔(68球)，创造了球员代表一支球队的欧战进球纪录。

7 2014年10月4日，西甲第7轮，巴萨客场2比0胜巴列卡诺。第35分钟，皮克长传，梅西突破至小禁区左上角，左脚劲射破门。巴萨以不败、不失球的战绩领跑积分榜。

8-9 2014年10月14日国际友谊赛，阿根廷客场7比0胜中国香港。第66分钟，梅西右路内切与巴内加打出踢墙配合，面对出击扑救的叶鸿辉，在门前9米处左脚轻轻拨进左下角。第84分钟，伊瓜因中场直传反击，梅西突入禁区右侧横拨闪开3名后卫，在门前13米处推进左下角。这是梅西首次作为国家队替补梅开二度。

10 2014年10月18日西甲第8轮，巴萨主场3比0胜埃瓦尔。第74分钟，梅西突破传球，内马尔妙传，梅西在小禁区左肋处射入远角。这是梅西第250粒西甲入球，在诺坎普球场的第200粒入球。

11 2014年10月21日欧洲冠军联赛F组第3轮，巴萨主场3比1胜阿贾克斯。第24分钟，伊涅斯塔直传，梅西在门前9米处左脚推射被西莱森单手一扑入右下角。

12-13 2014年11月5日欧洲冠军联赛F组第4轮，巴萨客场2比0胜阿贾克斯。第36分钟，门将西莱森出击失误，巴特拉禁区右侧争顶得球凌空勾传，梅西在门前9米处顶进左下角。第76分钟，梅西右路内切到禁区弧顶分球，佩德罗禁区左侧低传，梅西在门前5米处脚底铲进门内，这是巴萨在欧战的第1000个进球。

14 2014年11月13日阿根廷作客伦敦2比1胜克罗地亚。第57分钟，阿圭罗突入禁区左侧被卡利尼奇扑倒，获得点球！梅西主罚推进右下角。这是他在国家队的第45球，距巴蒂斯图塔保持的进球纪录还差11球。

15-17 2014年11月22日西甲第12轮，巴萨主场5比1胜塞维利亚。第21分钟，梅西在大禁区外任意球直接射入左上角。第72分钟，梅西反击中直传，内马尔禁区左侧面对单刀机会无私传回，梅西近距离铲射空门入网。梅西以252粒入球打破毕尔巴鄂球员萨拉在1955年创造的251粒西甲联赛总进球数纪录。第78分钟，梅西右路内切后传球，内马尔回停，梅西禁区边缘劲射左下角入网。

18-20 2014年11月25日欧洲冠军联赛F组第5轮，巴萨客场4比0希腊人竞技。第38分钟，拉菲尼亚禁区边缘外的劲射被梅西用腿挡进左下角，梅西以72粒入球超越劳尔成为欧冠史上第一射手。第58分钟，阿尔维斯直传，梅西点球点附近单刀推射破门。第87分钟，佩德罗禁区左侧回传，梅西小禁区边缘推射破门。上演职业生涯第31个帽子戏法。

21-23 2014年12月7日西甲第14轮，巴萨主场5比1西班牙人。第45分钟，哈维回传，梅西20码处左脚弧线球射入左下死角，成为西班牙足球历史上首位为单一俱乐部打入400球的球员。第50分钟苏亚雷斯传中，梅西停球晃过富恩特斯后抢在两名对方后卫之前劲射左下角入网。第81分钟，佩德罗禁区右侧传中，梅西小禁区外推射左下角入网。这是他在西甲的第21个帽子戏法。同时以12粒进球打破塞萨尔在巴塞罗那同城德比中的进球纪录。

24 2014年12月10日，欧洲冠军联赛F组第6轮，巴萨主场3比1胜巴黎圣日耳曼。第19分钟，马斯切拉诺长传，苏亚雷斯禁区左侧小角度传中，梅西小禁区右侧铲射破门。

这是梅西以76粒入球追平劳尔保持的欧战进球纪录。

25-26 2014年12月20日，西甲第16轮，巴萨主场5比0胜科尔多瓦。第82分钟，科尔多瓦解围角球不力，无人防守的梅西射入左上角。第92分钟，阿尔巴左路传中被顶出，梅西停球后直接转身抽射入网。

27 2015年1月9日，西班牙国王杯1/8决赛第一回合，巴萨主场5比0胜埃尔切。第44分钟，内马尔带球突入禁区后被后卫绊倒，主裁判吹罚了点球并向犯规的安迪亚出示了一张黄牌，梅西站在点球点，面对门将一蹴而就。

28 2015年1月11日，西甲第18轮，巴萨主场3比1胜马德里竞技。第87分钟，拉基蒂奇禁区右侧传中，劳尔·加西亚拦截失误正好送到梅西脚下，阿根廷人小禁区边缘轻松推射入网。

29-31 2015年1月18日，西甲第19轮，巴萨客场4比0胜拉科鲁尼亚。第10分钟，拉基蒂奇斜传，梅西冲顶入网。第33分钟，梅西斜传，内马尔禁区左侧传中打在苏亚雷斯腿上变线，跟进的梅西小禁区前轻巧挑射入网。第62分钟，拉基蒂奇战术角球传球，梅西切入禁区右侧射入远角。

32 2015年1月22日，西班牙国王杯1/4决赛第一回合，巴萨主场1比0胜马德里竞技。第85分钟，巴萨打破僵局，布斯克茨禁区内被胡安·弗兰绊倒，梅西主罚点球虽然被奥布拉克扑出，但是随即补射入网。

33-34 2015年1月24日西甲第20轮，巴萨客场6比0胜埃尔切。第55分钟，内马尔突入禁区左侧被绊倒，梅西主罚点球命中。第88分钟巴尔特拉直传，梅西禁区左肋低射远角入网。

35 2015年2月1日，西甲第21轮，巴萨主场3比2胜比利亚雷亚尔。第55分钟，苏亚雷斯传球，梅西禁区弧内右脚射入右上角。

36 2015年2月8日西甲第22轮，巴萨客场5比2胜毕尔巴鄂竞技。第15分钟，穆尼亚因禁区前手球犯规，梅西在大禁区外右侧任意球直接射门，皮球打中人墙变向进入球网。

37 2015年2月11日，西班牙国王杯半决赛第一回合，巴萨主场3比1胜比利亚雷亚尔。第41分钟，皮纳后场回传，苏亚雷斯突入禁区左侧传中，梅西在门前9米处左脚推射入右上角。

38-40 2015年2月15日西甲第23轮，巴萨主场5比0胜莱万特。第38分钟，巴尔特拉前场抢断后直传，梅西禁区右肋低射远角入网。第59分钟，布斯克茨挑传，佩德罗禁区右肋凌空垫传，梅西小禁区边缘凌空推射入网。第65分钟，内马尔突入禁区左侧被洛佩斯绊倒，梅西主罚点球命中。这是梅西第300场西甲比赛中的第23个帽子戏法。

41 2015年2月28日，西甲第25轮，巴萨客场3比1胜格拉纳达。第70分钟，拉基蒂奇直传，苏亚雷斯禁区右侧晃过奥耶尔横敲，梅西在小禁区扫射空门入网。这是梅西第75次在西甲客场比赛中进球，追平了劳尔的西甲个人客场进球场次纪录。

42-44 2015年3月8日西甲第26轮，巴萨主场6比1胜巴列卡诺。第54分钟，蒂托禁区内拉倒苏亚雷斯，梅西主罚并命中。第63分钟，苏亚雷斯转身射门被阿尔瓦雷斯勉强扑出，梅西近距离补射入网。第69分钟，佩德罗左路传中，梅西停球顺势从两名后卫之间穿过并在小禁区左侧晃过门将后射入空门，梅西此战完成西甲的第24个帽子戏法。

45-46 2015年3月14日西甲第27轮巴萨客场2比0胜埃瓦尔。第31分钟梅西射门打在埃基萨手上，梅西主罚点球命中。第55分钟，拉基蒂奇开出角球，梅西在小禁区边上冲顶球门左下角。这是梅西首次在联赛中利用角球直接头球破门。

47 2015年4月8日西甲第30轮，巴萨主场4比0胜阿尔梅里亚。第33分钟梅西禁区右侧弧线球射入远角。

48 2015年4月11日，西甲第31轮，巴萨客场2比2胜塞维利亚。第14分钟，内马尔斜传，梅西禁区右肋弧线球射入远角。

49 2015年4月18日，西甲第32轮，巴萨主场2比0胜瓦伦西亚。第94分钟，内马尔反击中传球，梅西单刀突入禁区内射门被阿尔维斯勉强扑挡，阿根廷人补射空门打入效力巴萨的第400球。

50 2015年4月25日西甲第33轮，巴萨客场2比0胜西班牙人。第25分钟，伊涅斯塔直传，苏亚雷斯禁区右侧横传，梅西小禁区左侧小角度低射破门。

51-52 2015年4月28日，西甲第34轮，巴萨主场6比0胜赫塔菲。第9分钟，苏亚雷斯突破制造点球，梅西踢出首粒勺子点球命中。第47分钟，苏亚雷斯挑传，梅西禁区右侧射入左上死角。

53-54 2015年5月2日，西甲第35轮，巴萨客场8比0胜科尔多瓦。第46分钟，阿尔维斯右路传中，梅西在小禁区处冲顶入网。第80分钟，苏亚雷斯小禁区边缘被推倒前分出皮球，梅西捅射空门入网。巴萨116年队史上首次取得各项赛事7连胜且0失球。

55-56 2015年5月6日，欧洲冠军联赛半决赛首回，巴萨主场3比0胜拜仁慕尼黑。第77分钟，阿尔维斯前场抢断后传球，梅西禁区边缘外射出反弹球入右下角。第80分钟，拉基蒂奇传球，梅西禁区右肋晃倒博阿滕后在小禁区右上角挑射入网。梅西3分钟打进两球，创造欧冠最快梅开二度的纪录。本场比赛是梅西参加的第100场欧战比赛，也是他参加的第97场欧冠比赛。巴萨欧冠9连胜追平俱乐部在2003年2月创造的欧冠连胜纪录。

57 2015年5月17日，西甲第37轮，巴萨客场1比0胜马德里竞技。巴萨第65分钟打破僵局，梅西同佩德罗踢墙配合，阿根廷人面对数人防守突入禁区左肋10码处射入右下角。

58-59 2015年5月23日，西甲第38轮，巴萨主场2比2平拉科鲁尼亚。第5分钟，拉菲尼亚禁区右侧下底传中，无人防守的梅西小禁区边缘头球破门。第59分钟，内马尔快攻中突入禁区无私横传，梅西轻松打入空门。

60-61 2015年5月31日，西班牙国王杯决赛在诺坎普球场上演，巴萨以客队身份3比1轻取毕尔巴鄂竞技。第19分钟梅西右路从巴伦齐亚加、迈克尔·里克、贝尼亚特三人包夹中突围而出，禁区右侧趟过拉波尔特后左脚低射，皮球从近角入网——1比0。第73分钟，阿尔维斯和内马尔进行撞墙式配合后，右路底线低平球横传中路，梅西前点左脚外脚背弹射破门。3比0，巴萨锁定胜局。

Lionel MESSI 数据酷

3
最快梅开二度

2015 年 5 月 6 日，巴萨主场 3 比 0 胜拜仁慕尼黑。第 77 分钟、第 80 分钟，梅西连中两元。3 分钟打进两球，创造欧冠最快梅开二度的纪录。

4
金球奖四连霸

2012 年度梅西力压队友伊涅斯塔和皇马天王 C 罗，连续第四年荣膺金球奖。于是梅西成为唯一一位四次获得金球奖的球员，克鲁伊夫、巴斯滕以及普拉蒂尼只获得过三次金球奖。

5
欧冠帽子戏法王

2014 年 11 月 25 日，欧冠联赛 F 组，巴萨客场 4 比 0 胜希腊人竞技，梅西上演帽子戏法，此轮是梅西第 5 次上演帽子戏法。前四次是对阵阿森纳、勒沃库森、比尔森胜利以及阿贾克斯的比赛。梅西成为欧洲冠军联赛中上演帽子戏法最多的球员。

5
单场进球第一人

2012 年欧冠 1/8 次回合决赛对于梅西具有特殊意义，这是他职业生涯首次单场打进 5 球，梅西成为 1992 年欧冠改制以来首位单场比赛打进 5 球的球员。

6
全赛事第一人

2011 年梅西追平了佩德罗的纪录，在六项赛事（西甲、国王杯、欧冠、欧洲超级杯、西班牙超级杯和世俱杯）中都取得了进球，此外梅西在六项赛事中也都有助攻。

12
国家队年度进球

梅西在整个 2012 年度为阿根廷国家队打入了 12 个进球，他的这一进球数超过了巴蒂斯图塔在 1998 年创造的国家队进球纪录。

20
决赛进球

自从 2004 年梅西在巴萨亮相后，已经参加了 23 场杯赛决赛（西班牙超级杯是两回合制比赛）。在这 23 场决赛中，梅西一共打进了 20 粒进球。带领巴萨取得 15 胜 5 平 3 负的成绩。

21
西甲连续进球场次

梅西在 2011/2012 赛季的西甲联赛中攻破了西甲其余所有 19 队的球门。他也是西甲历史上第一个连续 21 场破门的球员。

40
5 个赛季联赛连续进球

梅西是西班牙足球历史上首位连续五个赛季进球数超过 40 球的球员，他从 2009 到 2014 赛季，进球数分别是 47、53、73、60、41。

77
欧冠射手王

梅西自 2005/2006 赛季参加欧冠联赛以来，到 2014/2015 赛季。十年中梅西参加了 102 场欧冠比赛，共打进了 77 粒入球，成为欧冠历史射手王。

91
单赛季进球王

梅西在 2011/2012 赛季中一共打入了 73 个进球，这让他超越德国名宿盖德·穆勒的单赛季 67 球纪录。梅西在 2012 年全年一共打入了 91 个进球，他同样打破了德国名宿盖德·穆勒在 1972 年创造的 85 球的纪录。

106
西甲助攻王

2015 年 2 月 16 日，梅西在对莱万特的比赛中打入 3 球并有 1 次助攻，这是梅西西甲第 106 次助攻，阿根廷前锋也得以超过菲戈（105 次），成为西甲助攻王。值得一提的是，西甲自 1990 年之后才有了助攻这项技术统计，因此准确地说，梅西是近 25 年来的西甲助攻王。

200
主场二百球

2014 年 10 月 18 日，巴萨主场 3 比 0 胜埃瓦尔。第 74 分钟，内马尔妙传，梅西禁区左肋射入远角。这是梅西在诺坎普球场的第 200 粒入球。

203
诺坎普射手王

梅西是巴萨历史上唯一一位在联赛的主场比赛中攻入超过 100 球的球员。至今为止在联赛中他在诺坎普球场一共打入 142 球。此外梅西是巴萨历史上唯一一位在各项赛事的主场比赛中打入超过 200 球的巴萨球员。至今为止，在各项赛事中他在诺坎普攻入 203 球。

252
西甲射手王

2014 年 11 月 22 日，巴萨主场 5 比 1 胜塞维利亚。第 72 分钟，梅西近距离铲射空门入网，以 252 粒入球打破毕尔巴鄂球员萨拉在 1955 年创造的 251 粒西甲联赛总进球数纪录，成为西甲历史射手王。

400
四百球双料先生

2014 年 9 月 27 日，巴萨主场 6 比 0 胜格拉纳达。第 62 分钟，梅西接阿尔维斯传中，近距离头球破门，打入了个人职业生涯的第 400 球。

2015 年 4 月 18 日，巴萨主场 2 比 0 胜瓦伦西亚。第 94 分钟，内马尔反击中传球，梅西单刀突入禁区内射门被迭戈·阿尔维斯勉强扑挡，梅西补射空门打入效力巴萨的第 400 球。

MESSI
2014/2015高光时刻

1 西甲封王/超越萨拉荣膺西甲射手王

2014年11月22日，西甲第12轮，巴萨主场5比1胜塞维利亚。这场比赛的交锋注定写进了足球的历史，梅西用一次漂亮的帽子戏法打破西甲进球纪录，以253粒进球打破了这个尘封了50年的纪录，正式成为西甲第一射手王（前保持者是毕尔巴鄂球员萨拉在1955年创造的251粒西甲进球）。而梅西取得这些进球，只用了289场比赛。

第21分钟，梅西大禁区外任意球直接射入左上角。第72分钟，内马尔禁区左侧传回，梅西近距离铲射空门入网。第78分钟，内马尔停球回传，梅西禁区边缘劲射左下角入网。完成了本赛季第一个帽子戏法。他也成为欧洲五大联赛历史上第16位进球数超过250个的球员。

梅西253粒进球中，有142粒是在诺坎普球场打进的，111球是在客场打进的。其中诺坎普的进球效率非常高，143场打进142球。自2003年11月16日，16岁145天的梅西为巴萨打入处子球至今，27岁的梅西已经成就了一段非凡的历史。

2 戴帽登顶/超越劳尔荣膺欧冠射手王

2014年11月25日，欧冠联赛第5轮巴萨客场4比0大胜希腊人竞技。梅西第一次在欧冠的比赛中戴上队长袖标，而他也成为了历史上首位既是本国联赛历史最佳射手，又是欧冠历史最佳射手的传奇性人物。

第38分钟，拉菲尼亚的劲射被梅西挡入左下角，以72粒入球超越劳尔成为欧冠射手王。下半场，梅西的进球狂欢继续。第58分钟，梅西12码处单刀推射破门。第87分钟，佩德罗禁区左侧回传，梅西小禁区边缘推射破门上演职业生涯的第31个帽子戏法。值得一提的是，这一次梅西取得帽子戏法，用的不是自己习惯的左脚，而是右腿。

梅西也是欧冠历史射手榜前三名中进球效率最高的一位，他在91场比赛里打入74球，场均打入0.81球，而劳尔在142场比赛里打入71球，场均0.5球，C罗在107场比赛里打入70球，场均0.65球。

3 复仇拜仁/再会恩师梅西独中两元

2015年5月6日，欧洲冠军联赛半决赛首回合，巴萨主场面对瓜迪奥拉率领的拜仁慕尼黑。此战的关键，不仅是巴萨报了2012/2013赛季的一箭之仇，更是瓜迪奥拉的回归。面对昔日的恩师，梅西并没有手软，以一个梅开二度助巴萨3比0战胜德甲班霸，巴萨一只脚已经迈进了决赛。

第77分钟，梅西禁区边缘外射出反弹球入右下角。第80分钟，梅西禁区右肋晃倒博阿滕后挑射入网。梅西创造欧冠最快梅开二度的纪录。

大胜拜仁后，梅西本赛季的欧冠进球数达到10粒，独霸射手榜首位。除了进球之外，梅西本场比赛为队友创造了4次得分机会，本赛季欧冠共创造出35次得分机会，位列第一。本场梅西还有1次助攻进账，这是他本赛季欧冠的第5个助攻，位列助攻榜首位。

SUAREZ

苏亚雷斯
LUIS SUAREZ

救赎之道

2014 年世界杯小组赛，苏亚雷斯张开血盆大口咬向基耶利尼，成为彼时的舆论焦点。为此，乌拉圭前锋付出了禁赛 9 场，以及 4 个月不能参加一切足球活动的沉重代价。利物浦因此放弃了同苏亚雷斯的续约，而巴萨则伸出了橄榄枝，将“龅牙苏”引渡诺坎普。在舆论一边倒地抨击“苏牙”无耻的风口浪尖上，巴萨展现出了豪门俱乐部应有的宽容和大度，他们坚信苏亚雷斯会为巴萨带来更多的冠军，并实现自我救赎。

事实证明，巴萨的决定是正确的，乌拉圭人与球队无缝对接，并与梅西和内马尔组成了威震天下的“MSN 组合”。截至目前，苏亚雷斯本赛季共代表巴萨打入了 24 粒进球，其中联赛 16 粒，欧冠 6 粒，国王杯 2 粒。值得一提的是，苏神还送出了 20 次助攻，其中有 17 次给了梅西（9）和内马尔（8）。要知道，苏亚雷斯此前因为国际足联禁赛处罚，从 10 月底才正式开启巴萨首秀，在短短的 6 个月时间里就能有如此表现，效率可见一斑。

自从披上巴萨球衣以来，苏亚雷斯便屡次在关键比赛中表现出色，从国家德比到欧冠淘汰赛，乌拉圭神锋屡屡亮出自己的獠牙，撕碎对手的防线。以欧冠为例，苏亚雷斯在客场同曼城的比赛中梅开二度，1/4 决赛对阵巴黎圣日耳曼梅开二度，成为球队一路高奏凯歌的最大功臣之一。半决赛淘汰拜仁，苏亚雷斯在安联球场两度助攻内马尔破门，力助球队昂首晋级欧冠决赛。前巴萨体育总监苏比萨雷塔倍感欣慰，因为正是他帮主球队签下了苏神。至此，本赛季欧洲足坛的最佳引援已无悬念。苏亚雷斯从咬人事件到禁赛风波，从加盟巴萨到荣登巅峰，他向世人展示了自己魔鬼与天使的双面性。幸运的是，我们目前看到的是天使般的苏亚雷斯。

FCB

苏亚雷斯 2014/2015 赛季

28进球全记录

苏亚雷斯在 2014/2015 赛季总进球数 28 个，包括联赛进球 16 个，欧冠进球 7 个，国王杯进球 2 个，国家队进球 3 个。

1-2 2014 年 10 月 14 日，国家队热身赛，乌拉圭客场 3 比 0 胜阿曼。第 57 分钟，苏亚雷斯在禁区左肋接罗兰传中，不等皮球落地直接抽射，皮球滚入右侧死角。第 67 分钟，苏亚雷斯接到拉米雷斯的直塞球，观察到对方门将哈布西站位靠前，在阿曼后卫放铲之前将球搓出一记完美的抛物线，越过哈布西吊入球门。

3 2014 年 11 月 13 日，国家队热身赛，乌拉圭主场 3 比 3 平哥斯达黎加。第 49 分钟，苏亚雷斯的凌空抽射，将比分扳平。

4 2014 年 11 月 25 日，欧冠小组赛 F 组第 5 轮，巴萨客场 4 比 0 胜希腊人竞技。第 27 分钟，阿尔巴直传，回接的苏亚雷斯瞬间转身摆脱对手，最后在禁区左侧推射远角入网。打入他在巴萨的首粒入球。

5 2014 年 12 月 10 日，欧冠小组赛 F 组第 6 轮，巴萨主场 3 比 1 胜巴黎圣日耳曼。第 77 分钟，哈维传球，内马尔禁区左侧的射门被西里古扑出，苏亚雷斯近距离补射空门入网。

6 2014 年 12 月 20 日，西甲第 16 轮，巴萨主场 5 比 0 胜科尔多瓦。第 53 分钟，伊涅斯塔直传，佩德罗禁区左侧传中，苏亚雷斯漂亮拉球后，小禁区边缘外脚背弹射破门。

7 2015 年 1 月 9 日，西班牙国王杯 1/8 决赛第一回合，巴萨主场 5 比 0 胜埃尔切。第 40 分钟，阿尔巴在左路将球传给禁区前的苏亚雷斯，苏亚雷斯不停球顺势转身摆脱防守，过掉补防的中卫后一脚低射破门。

8 2015 年 1 月 11 日，西甲第 18 轮，巴萨主场 3 比 1 胜马德里竞技。第 35 分钟，梅西突破传球，苏亚雷斯小禁区边缘处推射破门。

9 2015 年 2 月 8 日，西甲第 22 轮，巴萨客场 5 比 2 胜毕尔巴鄂竞技。第 26 分钟，梅西回传，苏亚雷斯禁区弧内第一时间射出反弹球入左下角。

10 2015 年 2 月 15 日，西甲第 23 轮，巴萨主场 5 比 0 胜莱万特。第 73 分钟，阿德里亚诺禁区左侧传中，苏亚雷斯小禁区边缘处侧身倒钩破门。

11-12 2015 年 2 月 24 日，欧冠 1/8 决赛首回合，巴萨客场 2 比 1 胜曼城。第 16 分钟，梅西右路传中，孔帕尼前点解围失误，苏亚雷斯小禁区右侧边缘外小角度劲射破门。第 30 分钟，阿尔巴禁区左侧传中，苏亚雷斯小禁区边缘内抢在德米凯利斯之前捅射破门。

13 2015 年 2 月 28 日，西甲第 25 轮，巴萨客场 3 比 1 胜格拉纳达。第 48 分钟，拉基蒂奇挑传，苏亚雷斯大禁区内右肋处外脚背捅射入网。

14 2015 年 3 月 4 日，西班牙国王杯半决赛次回合，巴萨客场 3 比 1 胜利亚雷亚尔。第 73 分钟，马斯切拉诺中线后精准直传，苏亚雷斯摆脱鲁伊斯，再横趟门将阿森霍，在门前 6 米处左脚推进空门。

15-16 2015 年 3 月 8 日，西甲第 26 轮，巴萨主场 6 比 1 胜巴列卡诺。第 6 分钟，哈维直传，苏亚雷斯大禁区左侧捅射近角入网。第 91 分钟，梅西传球，苏亚雷斯小禁区右侧晃过门将射入空门。

17 2015 年 3 月 22 日，西甲第 28 轮，巴萨主场 2 比 1 胜皇家马德里。第 56 分钟，阿尔维斯长传，苏亚雷斯跑动中漂亮停球后禁区右侧低射远角入网。苏亚雷斯近 7 场联赛打入 6 球。

18-19 2015 年 4 月 8 日，西甲第 30 轮，巴萨主场 4 比 0 胜阿尔梅里亚。第 55 分钟，阿尔维斯传球，苏亚雷斯突入禁区右侧处射入远角。第 93 分钟，梅西策动快攻，佩德罗禁区左侧无私传球，苏亚雷斯轻松打入空门。

20-21 2015 年 4 月 15 日，欧冠 1/4 决赛首回合，巴萨客场 3 比 1 胜巴黎圣日耳曼。第 67 分钟，蒙托亚传球，苏亚雷斯切入禁区右侧连续突破路易斯、马基尼奥斯和马克斯维尔后劲射，皮球被西里古扑挡后入网。第 79 分钟锁定胜局，苏亚雷斯穿裆突破路易斯后禁区边缘单刀推射入网。

22 2015 年 4 月 18 日，西甲第 32 轮，巴萨主场 2 比 0 胜瓦伦西亚。开场仅 55 秒，布斯克茨反击中直传，梅西突破传球，苏亚雷斯禁区右肋处外脚背捅射远角入网。

23-24 2015 年 4 月 29 日，西甲第 34 轮，巴萨主场 6 比 0 胜赫塔菲。第 25 分钟，梅西右路传中，苏亚雷斯前点直接转身凌空扫射破网。第 40 分钟，梅西左路带球内切禁区中路，哈维脚后跟妙传，苏亚雷斯迎球弧线球兜射再入球网。

25-27 2015 年 5 月 2 日，西甲第 35 轮，巴萨客场 8 比 0 胜科尔多瓦。第 47 分钟，伊涅斯塔左路挑传，无人防守的苏亚雷斯小禁区前捅射入网。第 53 分钟，阿尔维斯右路传中，苏亚雷斯前点头球顶向远角，皮球击中立柱内侧入网。第 88 分钟，哈维远射被挡后偏转，苏亚雷斯小禁区前扫射空门入网。

28 2015 年 6 月 6 日，第 60 届冠军杯决赛在柏林奥林匹克球场打响，巴萨 3 比 1 击败尤文图斯。第 68 分钟，梅西左肋反击，禁区前沿低射造成布冯脱手，苏亚雷斯右侧小禁区边缘半凌空打入空门。2 比 1，巴萨反超老妇人。他也成为斯基亚菲诺和戈丁之后，第 3 位在冠军杯决赛进球的乌拉圭人。

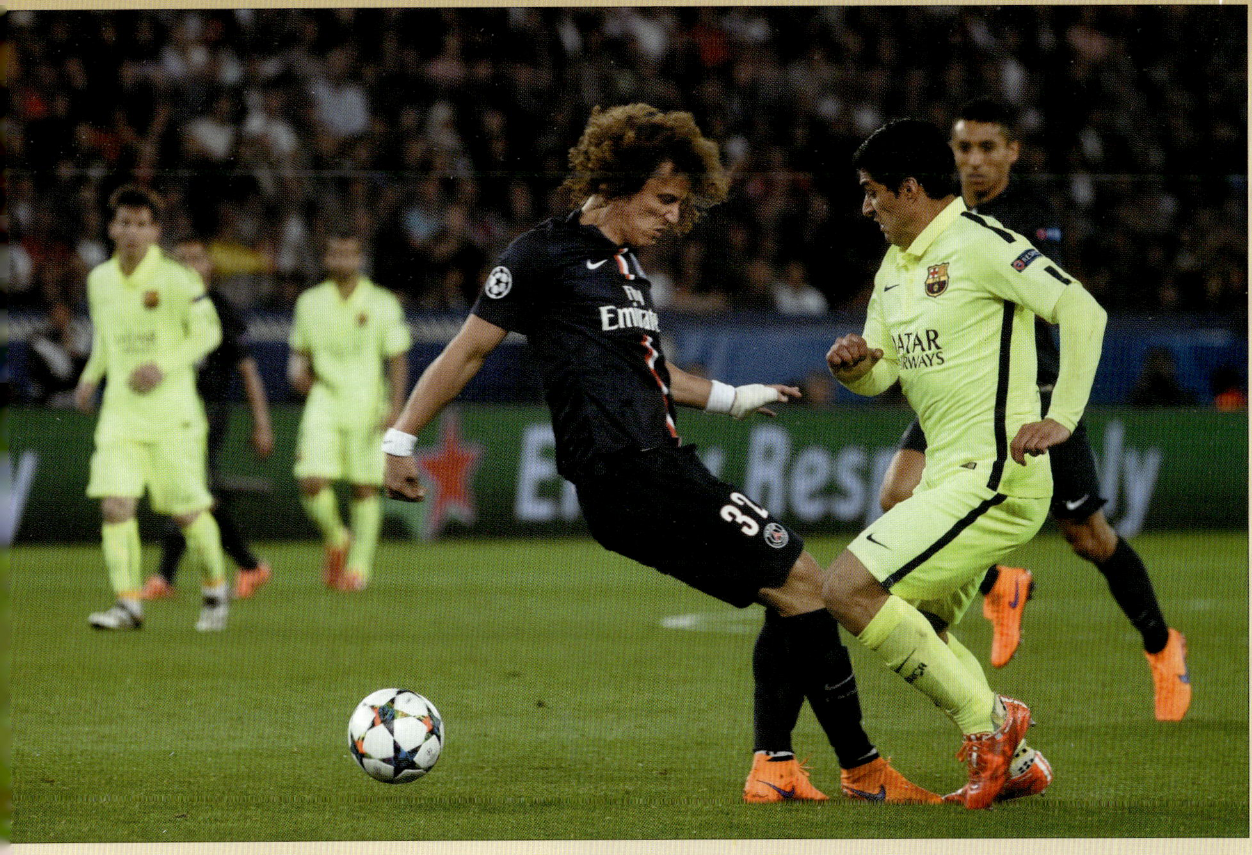

SUARE
2014/2015 高光时刻

1 解开封印 / 苏神觉醒力斩英超冠军

2015 年 2 月 24 日，欧冠 1/8 决赛首回合，凭借苏亚雷斯的梅开二度，巴塞罗那客场 2 比 1 战胜了由阿奎罗领衔的英超冠军曼城。苏亚雷斯也终于打破了自己在伊蒂哈德球场的魔咒。乌拉圭人此前曾 6 次拜访，从未取得进球。

第 16 分钟，梅西右路传中，队长孔帕尼前点解围失误，苏亚雷斯小禁区右侧边缘外小角度劲射破门。第 25 分钟，苏亚雷斯曾获得单刀机会，但被乔哈特及时出击救下。第 30 分钟，阿尔巴禁区左侧传中，苏亚雷斯小禁区边缘内抢在德米凯利斯解围之前捅射破门。苏神的梅开二度创造了欧冠历史上最快完成梅开二度的乌拉圭球员的纪录。

2 国家德比 / 鏖战皇马杀手索命绝杀

2015 年 3 月 22 日，西甲联赛第 28 轮，巴塞罗那主场 2 比 1 力克皇家马德里。第 19 分钟，梅西左路任意球传中，马蒂厄小禁区前抢在拉莫斯之前头球破门。皇马第 31 分钟由 C 罗扳平比分。

在皇马追平之后，巴萨陷入被动状态，急需有人挺身而出。这一次不是梅西，而是苏亚雷斯。

第 56 分钟，阿尔维斯后场送出长传，苏亚雷斯在跑动中漂亮地停球。在面对皇马的拉莫斯和佩佩两名中卫的防守时，灵巧地穿过包夹，门前低射远角入网。算上本场破门，苏亚雷斯加盟巴萨以来各项比赛出场 29 次已经打入 14 球，与此同时还送出了 13 次助攻。

NEYMAR

内马尔
NEYMAR DA SLIVA

崛起之路

梅西是巴萨的国王，苏亚雷斯是巴萨的魔王，而内马尔则是巴萨的王储。2013年夏天，当巴萨以5000万欧元签下巴西新星时，他们就是为了给梅西找一个接班人。现年23岁的内马尔，已经用实际行动证明了自己的实力，他配得上巴萨未来核心的称号。本赛季，内马尔已经在各项赛事中累计打入了37球，从而完成了对里瓦尔多和埃托奥的超越。里瓦尔多效力巴萨时的最高进球纪录发生在2000/2001赛季，那一年巴西中场打入36球。埃托奥在2008/2009赛季也完成了单季36球的壮举。此外，内马尔巴萨生涯的进球效率为两季88战52球，而梅西在巴萨进球50+则用时120场。

2013/2014赛季，内马尔在41场比赛中打入15球，2014/2015赛季，巴西球星效率全面提升，51场比赛轰进39球。除此之外，内马尔在关键场次的表现也更加稳健，联赛第36轮，巴萨2比0力克皇家社会，内马尔本赛季各项赛事第13次首开纪录，超越梅西的12次居队史第一。欧冠半决赛两回合攻入3球，是球队淘汰拜仁的最大功臣。而1/4决赛两回合淘汰巴黎圣日耳曼的比赛，内马尔同样攻入三球，战功赫赫。内马尔因此成为巴萨队史上第三位单赛季欧冠打入9球的射手，此前只有里瓦尔多和梅西做到过。

《世界体育报》评论称，进入赛季最关键阶段，内马尔在球场上不可阻挡，状态如日中天，射门奇准，对巴萨来说，这是最好的消息。加泰罗尼亚媒体认为，内马尔本赛季真正在"巨星学院"毕业了，连续进球，连续发挥决定性作用，内马尔以优异的表现宣布自己跻身顶级巨星行列，他正在开始挑起巴萨的大梁。"最近几年我改变了不少，在球场上也更加成熟，我从国家队和俱乐部的老球员中学到了不少。"内马尔如是说。而作为曾经巴萨的传奇巨星，内马尔的前辈兼老乡，"外星人"罗纳尔多则表示："在我看来，梅西、C罗和内马尔是当今世界最强的三位球员。"

NEYMAR 2014/2015高光时刻

1 力克强敌 / 内少两枪狙击昔日冠军

2015年1月28日，西班牙国王杯1/4决赛次回合，巴塞罗那客场3比2战胜了上届联赛冠军马德里竞技。西蒙尼的球队曾两度领先。但内马尔的梅开二度，帮助球队扳平比分。

开场40秒托雷斯的进球，使马竞取得梦幻开局。第9分钟，苏亚雷斯右路斜传，内马尔突入禁区右肋1米处右脚推射远角得手。内马尔8次对阵马竞打进4球。第42分钟，阿尔巴左路将球垫向门前，内马尔晃过门将后近距离将球打进空门。本赛季到目前为止，内马尔25战取得21球，其中联赛14球、国王杯4球和欧冠3球，毫无疑问这是内马尔加盟巴萨以来的最佳成绩单。

2 客场发威 / 憾负拜仁内少独中两元

2015年5月12日，赛季欧冠半决赛次回合巴塞罗那客场2比3不敌拜仁慕尼黑，依然挺进欧冠决赛。从1/4决赛到半决赛，内马尔4场比赛打进6球，成为巴萨时隔3年再进决赛的最大功臣。

拜仁第7分钟就取得进球，然而第15分钟内马尔的进球粉碎了德国球队的逆转梦想。反越位成功的苏亚雷斯禁区右肋无私横敲，内马尔轻松打入空门。这是内马尔本赛季第14次为巴萨首开纪录，队内排名第一。巴萨第29分钟反超比分，苏亚雷斯反击中禁区右侧传中，内马尔小禁区外射入左下角。

本赛季欧冠，内马尔已经打入了9球，追平了C罗。各项赛事，内马尔打入了39球。

FCB
QATAR
AIRWAYS
BARÇA

内马尔2014/2015赛季

47进球全记录

内马尔在2014/2015赛季总进球数47个，包括联赛进球22个，欧冠进球10个，国王杯进球7个，国家队进球8个。

1 2014年9月5日，国家队热身赛，巴西主场1比0胜哥伦比亚。第83分钟，阿尔梅罗被吹手球，内马尔右侧距门23米处弧线任意球击中近门柱内侧弹进。

2-3 2014年9月13日，西甲第3轮，巴萨主场2比0胜毕尔巴鄂竞技。第79分钟，梅西直传，内马尔禁区左肋12码处单刀推射破门。第84分钟，梅西突入禁区右侧回传，无人防守的内马尔推射右下死角入网。

4 2014年9月21日，西甲第4轮，巴萨客场5比0胜莱万特。第34分钟，梅西直传，摆脱佩德罗·洛佩斯的内马尔晃过出击的赫苏斯后射入空门。

5-7 2014年9月27日，西甲第6轮，巴萨主场6比0胜格拉纳达。第26分钟，尤斯特后场传球失误，内马尔突入禁区边缘内射门，皮球打在巴宾腿上偏转入网。第45分钟，梅西直传穆尼尔被罗伯托出击扑出，内马尔射空门入网。第66分钟，哈维直传，梅西禁区左侧传中，内马尔小禁区边缘推射入网。

8 2014年9月30日，欧洲冠军联赛F组第2轮，巴萨客场2比3负于巴黎圣日耳曼。第56分钟，阿尔维斯右路传中，梅西争顶吸引防守，内马尔后点距门10米处胸部停球推进右下角。这是他个人首个欧冠客场进球。

9 2014年10月4日，西甲第7轮，巴萨客场2比0胜巴列卡诺。第36分钟，穆尼尔直传，内马尔禁区边缘内单刀低射左下角入网。

10-13 2014年10月14日，国家队热身赛，巴西客场4比0胜日本。第18分钟，塔尔德利中路外脚背直塞，内马尔反越位单刀突入禁区横拨闪开出击的川岛永嗣，在门前9米处推射入球门顶端。第47分钟，库蒂尼奥中场突破直传，内马尔单刀距门13米处推进右下角。第77分钟，内马尔右路传中，卡卡在门前8米处头球被川岛永嗣一扑击中横梁，后卫头球解围，库蒂尼奥左侧距门20米处弧线球造成川岛永嗣脱手，内马尔右侧距门9米处左脚补射入网。第81分钟，罗比尼奥传球，卡卡禁区左侧过人挑传，内马尔后点距门8米处头球破门。内马尔首次在国家队上演大四喜，成为2000年罗马里奥（世界杯预选赛对阵委内瑞拉）之后首位巴西队大四喜球员，也是巴西历史上首位23岁以下大四喜球员。

14 2014年10月18日，西甲第8轮，巴萨主场3比0胜埃瓦尔。第72分钟，阿尔维斯传中，内马尔大禁区内第一时间扫射入网。

15 2014年10月21日，欧冠小组赛F组第3轮，巴萨主场3比1胜阿贾克斯。第7分钟，梅西中路与佩德罗踢墙配合后禁区前沿分球，内马尔左侧距门10米处推进远角。

16 2014年10月25日，西甲第9轮，巴萨客场1比3负于皇家马德里。第4分钟，苏亚雷斯斜传，无人防守的内马尔内切后禁区边缘内射入右下角。这是巴萨自1999年以来在国家德比中的最快进球，当时进球的是现任主帅恩里克。

17 2014年11月8日，西甲第11轮，巴萨客场2比1胜阿尔梅里亚。第73分钟扳平比分，苏亚雷斯禁区右侧强突传中，内马尔小禁区边缘推射打在纳瓦罗身上折射入网。

18-19 2014年11月12日，国家队热身赛，巴西客场4比0胜土耳其。第20分钟，费尔南迪尼奥后场40米长传，内马尔胸部停球单刀突入禁区，在门前9米处捅进左下角。第61分钟，内马尔左路内切与威廉踢墙配合，威廉外脚背直塞，内马尔在门前5米处推射穿过沃尔坎－德米雷尔裆下入远角。

20 2014年11月22日，西甲第12轮，巴萨主场5比1胜塞维利亚。第49分钟，哈维左路任意球传中，内马尔近距离头球破门。

21 2014年12月10日，欧冠小组赛F组第6轮，巴萨主场3比1胜巴黎圣日耳曼。第41分钟，伊涅斯塔传球，内马尔用一记处弧线球紧贴右侧立柱入网。

22-23 2015年1月9日，西班牙国王杯1/8决赛第一回合，巴萨主场5比0胜埃尔切。第32分钟，罗贝托中路不停球将球传给右路的苏亚雷斯，苏亚雷斯又横敲给左路无人盯防的内马尔，内马尔轻松推射得手。第59分钟，内马尔在中路横向摆脱防守球员后打门，皮球击中对方防守球员身体后稍稍改变方向飞入球网。

24 2015年1月11日，西甲第18轮，巴萨主场3比1胜马德里竞技。第12分钟，阿尔维斯直传，梅西禁区右侧人球分过戈丁后传中打中苏亚雷斯偏转，内马尔近距离铲射入网。

25-26 2015年1月24日，西甲第20轮，巴萨客场6比0胜埃尔切。第69分钟，梅西晃过一人后直传，反越位成功的内马尔禁区左肋单刀推射远角入网。2分钟后，梅西挑传，再次反越位成功的内马尔小禁区前凌空垫射入网。

27-28 2015年1月28日，西班牙国王杯1/4决赛次回合，巴萨客场3比2胜马德里竞技。第9分钟，梅西后场得球后直传苏亚雷斯，后者右路斜线传球，内马尔突入禁区右肋1米处右脚推射远角得手。第42分钟巴萨反超比分，梅西右路传球，阿尔巴左路将球垫向门前，内马尔晃过门将后近距离将球打进空门。

29 2015年2月1日，西甲第21轮，巴萨主场3比2胜比利亚雷亚尔。第45分钟，梅西传球，拉菲尼亚的射门被阿森霍扑出，内马尔补射空门入网。

30 2015年2月8日，西甲第22轮，巴萨客场5比2胜毕尔巴鄂竞技。第64分钟，梅西传球，哈维巧妙漏过，内马尔禁区左侧将球射入远角。

31 2015年2月15日，西甲第23轮，巴萨主场5比0胜莱万特。第17分钟取得领先，梅西右路内切后斜传，反越位成功的内马尔小禁区边缘凌空垫射，皮球吊过门将奥飞入远角。

32-33 2015年3月4日，西班牙国王杯半决赛次回合，巴萨客场3比1胜比利亚雷亚尔。第3分钟，梅西右路内切左脚弧线球传中，内马尔反越位成功，在门前7米处左脚凌空垫射越过门将阿森霍入网。第88分钟，哈维右肋挑传，内马尔在门前6米处头球破门。

34 2015年3月26日，国家队热身赛，巴西客场3比1胜法国。第57分钟，威廉反击中斜传，内马尔小禁区左侧边缘外小角度劲射破门。

35 2015年4月12日，西甲第31轮，巴萨客场2比2平塞维利亚。第31分钟，内马尔左路禁区边缘任意球直接射入左上死角。

36 2015年4月15日，欧冠1/4决赛首回合，巴萨客场3比1胜巴黎圣日耳曼。第18分钟，帕斯托雷中场丢球，梅西快攻中直传，内马尔禁区左肋处单刀推射入网。

37-38 2015年4月21日，欧冠1/4决赛次回合，巴萨主场2比0胜巴黎圣日耳曼。第14分钟，伊涅斯塔连过数人后送出精准直传，内马尔拿球晃过西里古后捅射空门入网。第34分钟，阿尔维斯右路左脚传中，无人防守的内马尔头球破门。

39 2015年4月25日，西甲第33轮，巴塞罗那客场2比0胜西班牙人。第17分钟，梅西精准过顶直传，阿尔巴禁区左侧凌空传中，苏亚雷斯机敏漏过，无人防守的内马尔小禁区前轻松推射入网。

40 2015年4月29日，西甲第34轮，巴萨主场6比0胜赫塔菲。第28分钟，赫塔菲后场失误，苏亚雷斯分球，内马尔禁区内扣球摆脱后右脚轻松推射破门。本赛季32球，联赛20球。MSN组合本赛季共打入100球。

41 2015年5月2日，西甲第35轮，巴萨客场8比0胜科尔多瓦。第85分钟，内马尔突入禁区左侧被古尼诺踢倒，他亲自主罚点球命中。

42 2015年5月6日，欧冠半决赛首回合，巴萨主场3比0胜拜仁慕尼黑。第94分钟，梅西直传，反越位成功的内马尔单刀冷静低射入网。

43 2015年5月9日，西甲第36轮，巴萨主场2比0胜皇家社会。第51分钟，梅西右路斜传，米克尔·冈萨雷斯头球解围失误，内马尔小禁区左侧头球破门。

44-45 2015年5月12日，欧冠半决赛次回合，巴萨客场2比3负于拜仁慕尼黑。第15分钟，梅西直传，反越位成功的苏亚雷斯禁区右肋无私横敲，内马尔轻松打入空门。第29分钟，梅西头球后顶，苏亚雷斯反击中禁区右侧传中，博阿滕与皮球擦身未能拦截，内马尔将球射入左下角。

46 2015年5月31日，西班牙国王杯决赛在诺坎普球场上演，巴萨以客队身份3比1轻取毕尔巴鄂竞技。第36分钟拉基蒂奇直传，苏亚雷斯禁区右侧反越位后横敲中路，内马尔左侧小禁区前右脚将球推入空门。帮助巴萨把领先优势扩大到2比0。

47 2015年6月6日，第60届冠军杯决赛在柏林奥林匹克球场打响，巴萨3比1击败尤文图斯。下半场伤停补时第7分钟，内马尔左路反击传中，佩德罗中路再分球，内马尔禁区左侧距门9米处左脚推进远角，3比1。并以10球追平梅西和C罗，并列欧冠射手王。连续5场欧冠进球，成为继1961年阿瓜斯之后，同年冠军杯1/4决赛两回合、半决赛两回合和决赛都有进球的第2人，也是继克雷斯波之后，欧洲冠军杯和南美解放者杯决赛均有进球的第2人。

2015 率领巴萨夺得西甲冠军，杀入国王杯和欧冠决赛，恩里克正在复制瓜迪奥拉执教首赛季加冕三冠王的神迹。这是一支有着超强火力、钢铁防线的巴萨。

最强火力
巴萨封王攻防解析篇

超强三叉戟

西甲收官战梅开二度之后，梅西本赛季联赛打入 43 球，虽然无缘赢得西甲金靴，但对梅西来说，这却是一个成功的赛季。主动退居右路的梅西正在经历转型期，阿根廷前锋正在越来越多地承担起组织核心的重任。赛季至今，梅西 55 战打入 56 球并有 27 次助攻，进球数位居职业生涯第三位，助攻数则距离职业生涯纪录仅差 2 次。

在锋线三叉戟中，2014 年 10 月才解禁复出的苏亚雷斯成为关键球员。尽管乌拉圭前锋仅打入 25 球，不如梅西（58 球）和内马尔（39 球），但苏亚雷斯 21 次助攻数在巴萨队内却仅次于梅西（27 次），乌拉圭前锋以灵活的跑位、无私的助攻和积极的逼抢成为巴萨进攻的润滑剂。内马尔同样在本赛季爆发，进球率从上赛季的场均 0.37 球猛增至本赛季的 0.76 球。在与 BBC 组合、皇马（数据）的较量中，MSN 和巴萨笑到了最后。

恩里克逆袭

回顾 2014/2015 赛季初时，巴萨 2015 年首战败走阿诺埃塔球场无疑是转折点。恩里克与梅西的矛盾被公之于众，支持恩里克的苏比萨雷塔被解职，普约尔也拂袖而去。正当巴萨看似要陷入深渊的时候，恩里克却突破了心魔，率领巴萨下半场完成逆袭。恩里克性格强硬，但在与梅西的矛盾爆发之后，恩里克也开始调整自己的执教思路与心态。除布拉沃之外，梅西是唯一一名联赛出场超过 3000 分钟的巴萨球员，且场场踢满 90 分钟，而在内马尔表示对替换离场不满之后，恩里克也让巴西前锋踢满了此后全部 11 场比赛。恩里克此举展示着对顶级球员的信任，他也收到了巨大的回报。

尽管恩里克被称作最弱势的巴萨主帅，但恩里克不仅成功改造了巴萨的战术体系，还以出色的轮换帮助巴萨在赛季冲刺阶段保持着出色的状态与体能。同时，恩里克也成功地解决了巴萨的定位球攻守痼疾。

最出色防线

“防守最好的球队能赢得联赛冠军”，这是球场上颠扑不破的真理。尽管皇马打入 118 球，但少打入 8 球的巴萨却凭借出色的防守赢得了西甲冠军。38 轮联赛，巴萨仅丢 21 球，远低于以防守出色著称的马竞，而皇马则足足丢掉 38 球。皮克不仅恢复了顶级状态，还以 7 球创造职业生涯进球纪录，马斯切拉诺也延续着稳健的发挥。

尽管签入道格拉斯、维尔马伦让苏比萨雷塔饱受诟病，但巴萨球迷应该感谢这位传奇门将和前体育总监。苏比萨雷塔签入的布拉沃、特尔施特根本赛季都有着出色的表现，智利门将拿到了象征西甲最佳门将的萨莫拉奖，而“小狮王”也在欧冠有出色表现，《每日体育报》评价，巴萨球迷可以忘记巴尔德斯了。

MSN 火力对比 BBC

截至西甲联赛结束，MSN 与 BBC 无疑是欧洲火力最强的两大组合，在 2014/2015 赛季各项赛事中进球与助攻合计总数屡创新高。

MSN 合计打进 122 球，助攻 55 次。

梅西：出战 57 场，进球 58 个，助攻 27 次。（其中联赛 43 球，助攻 18 次；欧冠 10 球，助攻 5 次；国王杯 5 球，助攻 4 次）

内马尔：出战 51 场，进球 39 个，助攻 7 次。（其中联赛 22 球，助攻 7 次；欧冠 10 球；国王杯 7 球）

苏亚雷斯：出战 43 场，进球 25 个，助攻 21 次。（其中联赛 16 球，助攻 14 次；欧冠 7 球，助攻 3 次；国王杯 2 球，助攻 4 次）

BBC 合计打进 95 球，助攻 41 次。

本泽马：出战 46 场，进球 21 个，助攻 11 次。（其中联赛 15 球，助攻 10 次；欧冠 6 球，助攻 1 次）

贝尔：出战 43 场，进球 15 个，助攻 11 次。（其中联赛 13 球，助攻 9 次；欧冠 2 球，助攻 1 次；国王杯助攻 1 次）

C 罗：出战 49 场，进球 59 个，助攻 19 次。（其中联赛 48 球，助攻 16 次；欧冠 10 球，助攻 3 次；国王杯 1 球）

名宿谈梅西
TALK ABOUT MESSI

● "对于阿根廷人来说，最高兴的事情莫过于上帝和我们站在一起，他总是会时不时地给我们送来一个足球天才。"

——**格隆多纳**（前阿根廷足协主席/前国际足联第一副主席）

> 背景回放：阿根廷足协主席格隆多纳在2006年德国世界杯开始之前的一段评论，当时梅西身披阿根廷19号战袍。

● "我的纪录保持了40年，60场85球。但现在世界上最好的球员将它打破。我为他感到高兴，他实在是太美妙了。他身上只有一个缺点，那就是不在拜仁效力！"

——**盖德·穆勒**（德国传奇巨星）

> 背景回放：梅西在2011/2012赛季69场比赛共打入86粒进球，超越1972年"轰炸机"盖德·穆勒创造的年度进球历史最高纪录（72粒）。

● "有个巴西朋友问我谁是足球史上最佳球员，是马拉多纳还是贝利，我告诉他我非常尊敬这两位球王，但在我看来他们已经被超越了，取代他们的就是梅西。在我的记忆中，即便是马拉多纳和贝利，都做不到每场比赛都在不停地进球和助攻，带领球队赢得一项又一项的冠军，这在足球史上是绝无仅有的。"

——**比安奇**（阿根廷足坛名帅）

● "梅西现在不是在进球，而是在进世界波，他一球比一球漂亮。我们现在面对的是一个在各方面都绝对最优秀的球员。他能做到球员所能做的一切，而且是每三天一次。我为那些试图篡他的王位的人感到遗憾，因为这根本就是不可能的。他已经载入俱乐部史册，如果他继续效力巴萨很多年，那他会不断取得进球，他累积的进球数将永远无法超越。"

● "乔丹统治了他的竞技项目，梅西也统治自己的竞技项目。有一些球员能轻松统治自己的领域，梅西就是其中之一。梅西完全可以与乔丹相提并论。"

● "未来我会很骄傲地对我的孙辈们说，我曾经执教过梅西。"

——**瓜迪奥拉**（现拜仁主帅/前巴萨功勋主帅）

● "梅西是火星人，他取得的成就令人无法置信。梅西再度捧起金球奖，这是没有任何争议的。如果伊涅斯塔获奖，也是一种奖励，但这次还是梅西表现更好。迪斯蒂法诺、贝利、克鲁伊夫和马拉多纳是前四位球王，齐达内和罗纳尔多都曾是第五球王的候选人，但现在没人比梅西更接近于这座宝座。"

——**梅诺蒂**（前阿根廷主帅/率队夺得1978年世界杯冠军）

● "当梅西是一个小孩时，我就很喜欢他了，我知道他会爆发的。他是我的目标吗？他是所有人目标，不仅是我的。他是一名大师级的球员。"

——**莫拉蒂**（前国际米兰主席）

● "我对此毫不怀疑，如果他继续保持这个水平，他将会成为有史以来最好的球员。他在不断地测试自己的极限，如果他继续这样下去，将会打破所有纪录。我为他高兴，因为他是我朋友，也是个伟大的小伙子。"

——**哈维**（巴萨传奇巨星）

● "他独一无二，他理应获得金球奖，就像哈维那样。我很高兴，因为他是个很棒的队友。和这些优秀的队友们一起踢球真是很棒。"

——**伊涅斯塔**（巴萨球星）

● "在当今世界的巨星中，梅西显然是其中最出色的，他是巨星中的巨星。之后才是C罗和卡卡，然后是其他球员。"

——**普拉蒂尼**（法国传奇巨星/欧足联主席）

● "我告诉过莱奥，我的事业是已经完成了的，现在，他必须展开自己的事业，到最后看看谁会是历史上的最佳。梅西现在正处于最高的水准当中，他是世界最佳，是巴萨的当家球星，他在跟上帝一起踢球。"

● "如果梅西成为历史上最好的球员，我会非常幸福。"

——**马拉多纳**（阿根廷球王）

● "竞争总是在梅西和C罗这两人之间展开，虽然伊涅斯塔和哈维都是不可思议的球员，但他们作为中场球员难以像攻击手一样激发起公众的热情。从个人的角度来说我会投给梅西，不仅仅是因为他稳定的表现，而是他为足球运动带来了独特的、与众不同的魔术。C罗踢球的实用性极强，技术非常精湛，但梅西才是能够持续地给世人带来意想不到的惊喜的球员。"

——**罗纳尔多**（巴西传奇巨星）

● "梅西球感太好了，就算马拉多纳也没法这么控球。"

——**博斯克**（西班牙功勋主帅）

● "你不能用其他人来和梅西作比较，这是没法比的。C罗如今是这个星球上最伟大的球星，但梅西不是，因为梅西是火星人。我为什么这么说？你看看梅西带球时的速度吧，他带球跑比不带球跑竟然还要快，这怎么可能是地球人能够做到的呢？"

——**巴西莱**（前阿根廷国家队主帅）

● "梅西很可能是巴萨俱乐部111年历史上最出色的球员。"

——**罗塞尔**（前巴萨主席）

● "梅西是一个推动了世界足球革命的球员。"

——**迪·斯蒂法诺**（阿根廷/皇马传奇巨星）

● "梅西在场上的表现和观赏性都是无可置疑的。他自己做动作很快，在与队友配合的时候反应也很快。他总是能在适当的时候做出正确的决定。今时今日，没有人比梅西更出色。”
——**温格**（阿森纳主帅）

“谁如果看梅西踢球不感觉赏心悦目，谁就不懂足球。”
——**纳达尔**（西班牙网球明星）

“打入 1000 个进球后他会成为传奇，现在他是最好的。”
——**贝利**（巴西球王）

“梅西就是足球场上的科比·布莱恩特。”
——**保罗·加索尔**（NBA 球星）

“梅西无须嫉妒马拉多纳或者任何人。”
——**巴尔达诺**（阿根廷球星/前皇马总经理）

“梅西现在、未来都会在最好球员的行列当中。”
——**C 罗**（葡萄牙/皇马巨星）

“梅西是那种你永远都希望他与自己在同一支球队的球员。”
——**卡卡**（巴西球星/前世界足球先生）

“我找不到他的弱点，可怕的是，他还在成长。”
——**保罗·马尔蒂尼**（AC 米兰传奇球星）

“有些人不喜欢C罗，因为他是伟大的球员，长相帅气，和很多女人都发生关系，所以人们嫉妒。对 C 罗来说，唯一的坏消息是，他生活在有梅西的时代。如果没有梅西，C 罗会连续 5 年成为世界第一。”
——**斯科拉里**（前巴西国家队主帅）

“梅西的所作所为是非人类的，他无可比拟。”

“能够执教梅西，看着他每场比赛上场是件很快乐的事。现在，他是不可伦比的，是巴萨的一件珠宝。”
——**里杰卡尔德**（前巴萨主帅/梦二缔造者）

“上帝不应该派他下凡的，世界都是他的了。”
——**卡尼吉亚**（阿根廷球星）

“小罗的球技实在是太神奇了，我着迷于他的足球，但是我真正喜欢的还是梅西，他简直就是足球界的一个奇迹。”

“马拉多纳是最好的，梅西是他天生的继承人。”
——**贝肯鲍尔**（德国足球皇帝）

“我们很幸运能有一名像他这样的球员，正是因为他的存在，这对所有竞技对手来说都无异于是个灾难。”
——**克鲁伊夫**（荷兰足球教父）

“我退役后只喜欢看他的比赛。”
——**罗伯特·巴乔**（意大利巨星）

“世界最佳球员是梅西，巴西球员应该向梅西学习，他们丢球后很少会抢回来，而梅西则会全力抢回自己的球。”
——**卢拉**（巴西总统）

“每个人都希望梅西能够在他的球队里。我喜欢看梅西的比赛，我是他的球迷。”
——**劳尔**（皇马传奇球星）

“全世界能力最强的球员，所有的俱乐部都需要这样的球员。”
——**图拉姆**（法国球星/1998 年世界杯冠军成员）

“他是足球界的超级巨星，是球场上的天才。”
——**邓加**（巴西国家队主帅/1994 年世界杯冠军成员）

“未来一百年只有一个梅西。”
——**穆里尼奥**（切尔西主帅）

“拿 C 罗跟梅西作比较是一种对足球无知的表现。梅西是梅西，剩下的人只是球员。”
——**洛蒂纳**（拉科鲁尼亚主帅）

“我们不会试图阻挡梅西。比我强的教练和比我手下强的球员都无法办得到。不过我们或许会在球员通道里吓吓他。”
——**索尔巴肯**（哥本哈根主帅）

> 背景回放：2010/2011 赛季欧冠联赛小组赛 D 组第 4 轮，哥本哈根主场迎战巴塞罗那。

“梅西速度很快，技术非常好，面对他你必须瞬间做决断，当他靠近你，你必须在心中划十字，祈祷你的每一次动作都是对的。”
——**蒂亚戈·席尔瓦**（巴西国家队主力中卫）

“梅西是目前世界上最好的球员，很幸运他是阿根廷人。”
——**阿圭罗**（曼城球星/国家队队友）

“梅西是世界上最好的球员，他比我强得多。世界上还有其他伟大球员，例如 C 罗，但梅西无出其右。只有他能达到那个级别。”
——**罗本**（拜仁/荷兰球星）

“我比梅西强？我笑了，我不认为有谁能够和梅西相提并论！他是当今足坛最出色的球员。”
——**斯内德**（加拉塔萨雷/荷兰球星）

“这是一个令人难以置信的球员，他当然就是世界最佳。”
——**法布雷加斯**（切尔西球星/前巴萨队友）

“他会让足球更具有观赏性。”
——**布拉特**（前国际足联主席）

“巴塞罗那队踢得很棒，梅西则是他们的保护神。他最近表现出来的水平令人印象深刻。”
——**萨基**（意大利足坛名宿）

“梅西是一个有着巨大潜力的年轻球员，足球界需要这样的球员，因为他能带给我们更多激情。”
——**博比·查尔顿**（曼联/英格兰传奇巨星）

“我觉得没必要把他和任何人相比，大家只要学会享受梅西带来的快乐，他肯定还能奉献惊喜。梅西是那种能够也知道如何把他自己的特点建立在全队基础之上的球员。”
——**迭戈·西蒙尼**（马竞主帅）

“和梅西一起踢球太棒了。他是唯一一个能让巴西人忍受的阿根廷人。”
——**罗纳尔迪尼奥**（巴萨传奇球星）

“马拉多纳曾经带给阿根廷人一个美梦，后来梦醒了。现在梅西又带给我们另一个梦。”
——**里克尔梅**（阿根廷著名球星）

“梅西现在的表现让人难以置信。我所看到的巴塞罗那和阿根廷国家队的比赛里面，他的表现让人眼前一亮。如果他是英格兰球员也会做得很好。”
——**鲁尼**（曼联/英格兰球星）

“在一个如此‘娇小’的球员身上竟然蕴藏了这么多的天赋，实在是令人起敬。”
——**贝克汉姆**（曼联/英格兰传奇球星）

梅西语录
LIONEL MESSI

● “相对于个人奖项，我更希望得到的是集体荣誉，我是说属于巴塞罗那和阿根廷国家队的荣誉。”

> 背景回放：2011 年 4 月 22 日，英国《泰晤士报》评选的“全球最有影响力 100 人”公布名单，效力于巴塞罗那的阿根廷球星梅西有幸入选。在足球业内，梅西成为唯一登榜者。

● “直到遇到足球，我的人生彻底改变，我还记得我第一个足球的样子，在我心里，它就像一颗糖果。”

● “现在这个世界有没有什么让我感到不舒服的——那就是为什么有的人的生活是一个样子，而其他人却过着另外一种生活。举个例子，就拿欧洲和阿根廷进行比较。这里的生活要平静的多，富足安逸。而阿根廷却是另外一个样子，我不喜欢世界有这么大的差别。”

● “对我来说穿上这件球衣有特殊的意义。我认为身披这件战袍战斗是个美丽的责任，尤其是在这样一个对足球疯狂的国度，人们关注着我们的一举一动，这是很美妙的。”

● “我要说我想一生都留在巴塞罗那。他们要我停留在这里多久，我就会留多久。我亏欠巴塞罗那的比他们给我的机会更多——我的生命是他们改变的。”

● “在足球世界里，没有永恒的辉煌，逆境依旧处处存在。我是幸运者，遇到了里杰卡尔德和瓜迪奥拉。梅西不是巨星，他只想踢得好一些，更好一些，所以请球迷不要相信梅西能够制造奇迹，但是一定要相信梅西不怕困难，无谓逆境。”

● “有一次，一位来自一个小国家的记者飞了 20 多个小时到巴塞罗那来采访我，那天我心情不好，通过新闻官拒绝了他。他不甘心，通过新闻官告诉我，他们经费有限，不能等，我还是走了。第二天去基地，那个人就睡在门口，他拦住了我的车，向我大喊：‘梅西，我是穷国的记者，我没有时间，没钱，我要走了。我只想对你说一句话，你不用学怎么踢球了，你只需要学学怎么做人吧！’说完扭头就走了，这个人后来采访了我，我们成了朋友。我很感谢他，因为是他提醒了我，人们已经开始不仅仅关心梅西如何进球，也关注梅西是一个什么样的人。”

● “当你在一家俱乐部成长起来，这就已经不仅仅是一家俱乐部了。球员们以及在俱乐部里的所有人都像是一家人。”

● “我们不应该去记住已经赢得的荣誉，而应该记住是如何赢得这些荣誉的。我希望人们能享受我们的比赛，我希望 50 年内人们讨论的都是这支球队的比赛风格。”

● “那时我身体不佳，家庭分离，远离罗萨里奥，过得很清苦，最大的愿望就是能够踢出来，最大的快乐就是省出一点钱给妈妈和小妹妹带回去一点点礼物，最大的奢侈就是与队友合用电话卡与妈妈通话。我知道自己会踢出来，但是没想到会走这么远。”

● “我曾经真实地面临告别足球的境地，那时我的病成为一种让我无比难受的痛苦，我经常一个人在球场外看那些身体正常的孩子踢球。我不快乐，这是命运给我的一种锻炼，很幸运，我和我的足球一起走过来了。”

● “有人把我同乔丹、博尔特和阿里这样的运动员相比较，这太疯狂了。我不喜欢比较，我应该和谁比较呢？我就是在做自己的事，至于做得如何那要等到我的职业生涯结束后才可以看出来。梅西最好的评判者就是梅西本人，我知道自己什么时候做得好，什么时候做得差。”

● “我膝盖被踢破了，大腿上也有伤，但我不疼，因为我们赢了。这是场让人印象深刻的比赛。”

> 背景回放：2006 年 2 月 22 日，欧洲冠军联赛 16 强首回合，巴塞罗那客场 2 比 1 战胜切尔西。最终巴萨总比分 3 比 2 淘汰穆里尼奥率领的切尔西。

● “对我来说，无论是居住在几千公里以外还是生活在阿根廷，国家队的球衣都是神圣的，我不认为哪件球衣比它更重要。”

● “当他们说我不爱自己的国家的时候我很受伤，没有什么比这更令我感到受伤的了。我的确成长于巴塞罗那，但是当我还是个孩子的时候，我一心所想的只是如何能够在阿根廷一线队踢上球，能够穿上蓝白球衣，这是我最大的愿望。不管我身处阿根廷还是加泰罗尼亚，我都始终觉得我是阿根廷的，说我属于加泰罗尼亚这无所谓，但说我不是阿根廷人的时候我很受伤。”

● “我在拉玛西亚成长，并在巴塞罗那成为男人，我永远不会穿上皇马或其他球队的球衣。”

● “钱能让你更自信，有更大的自由感，可能也有更多权力，但这不是我的目标。”

● “我真的就想踢球，我为了能踢球而不断抗争，当然也有伤痛，因为我也必须要牺牲掉很多东西，我从未想过自己不可能从事这项运动，我始终在追寻我的梦想。”

● “我热爱精彩的球赛，座无虚席的球场，